Impulse für die Agglomeration am Fusse des Bachtels

Erkenntnisse des Forschungsprojekts «S5-Stadt. Agglomeration im Zentrum»

Herausgegeben von ETH Wohnforum – ETH CASE

AggloOasen

2011 hier+jetzt, Verlag für Kultur und Geschichte, Baden

Dieses Buch ist nach den neuen Rechtschreibregeln verfasst.

Lektorat: Simon Wernly, hier+jetzt
Gestaltung und Satz: Sara Glauser, hier+jetzt
Bildverarbeitung: Humm dtp, Matzingen

© 2011 hier+jetzt, Verlag für Kultur und Geschichte GmbH, Baden
www.hierundjetzt.ch
ISBN 978-3-03919-172-7

Vorwort 7
WILHELM NATRUP, KANTONSPLANER

Einleitung 9
MARGRIT HUGENTOBLER, ETH WOHNFORUM – ETH CASE

AgglOasen: eine Vision

Von den Rändern her denken 16
EIN GESPRÄCH MIT DEM STADTPLANER THOMAS SIEVERTS

Von den Freiräumen ausgehen 24
EIN GESPRÄCH MIT DEN POLITOLOGEN DANIEL KÜBLER UND LARISSA PLÜSS

Mit guten Bauten verdichten 27
EIN GESPRÄCH MIT DEM ARCHITEKTEN MARTIN SCHNEIDER

Erkenntnisse des Forschungsprojekts

Vom Wert der Ränder

Alltägliche Oasen. Wenn die Natur vor der Haustüre liegt 39
TANJA WIRZ

Der Bachtel – der Berg. Was der Agglomeration ein markantes Gesicht gibt ... 45
LUKAS KISTLER

Immer weiter wachsen? Baupolitik zwischen Nachhaltigkeit und Eigeninteressen ... 51
TANJA WIRZ

Vom Wert kurzer Wege und der Vielfalt des Wohnens

Eine Fahrt mit der S5. Der öffentliche Verkehr prägt neue Lebensweisen 58
RUTH WIEDERKEHR

Wohnen in der Dorfkulisse. Die Sehnsucht nach Heimat in der Agglomeration .. 63
TANJA WIRZ

Wohnbiografien. Drei Filmporträts aus der Agglomeration 68

Nachbarschaften auf Distanz. Das Beziehungsnetz wächst weit über das Quartier hinaus **74**
SABINE WITT

Wohnen ohne Hindernisse. Ein Verein engagiert sich für das Quartier Rehbühl **79**

Vom Wert der Vernetzung und der regionalen Verankerung

Moderner Wirtschaftsraum. International vernetzt und regional verankert **82**
MONIKA BURRI

Bildung als grosses Plus. Wie Mobilität auch die Bildungschancen erhöht **87**
MARC VALANCE

Big-Box-Dorf Hinwil. Wo die grossen Kisten sind, ist die neue Mitte **93**
WALTER JÄGGI

Vom Sinn eines Perspektivenwechsels

Eine nachhaltige Zukunft. Was Behörden, Planer und Bewohner tun können **103**
THEA RAUCH-SCHWEGLER

In weiten Räumen denken. Ein Nachwort, geschrieben auf dem Boden der Tatsachen **109**
ELKE WURSTER

Lieblingsorte. Auswahl aus 600 Einsendungen **113**

Zum S5-Stadt-Projekt

Die S5-Stadt. Annäherungen in Raum und Zeit **122**
MARTIN SCHULER (TEXT) UND BENOÎT LE BOCEY, MICROGIS SA (KARTEN)

Forschungsprojekt und E-Book **144**

Forschende, Institutionen, Lesetipps **145**

Autorinnen und Autoren **154**

Unterstützung des Projekts **155**

Bildnachweis **159**

Vorwort

«AgglOasen» – wie sie hier bezeichnet werden – sind prägende Inseln im Meer der urbanen Agglomeration. Sie stehen für Lebensqualität in der städtisch überformten Siedlungslandschaft. Freiräume, vom eigenen Balkon über das direkte Wohnumfeld bis hin zu einer intakten Landschaft, sind vielfältig. Insbesondere die Landschaftsräume sind aber unter Druck. Landschafts- und Agglomerationsparks stellen dabei sicherlich geeignete Instrumente dar, um die Vielfalt und die Eigenarten im dichten Siedlungsraum zu bewahren und ein stimmiges Geflecht aus Siedlungsteilen und Landschaften zu entwickeln. Mit dem Agglomerationspark Limmattal sammeln die Kantone Zürich und Aargau diesbezüglich erste positive Erfahrungen. Dort zeigt sich, wie auch bei den vorliegenden Erkenntnissen zur Region zwischen Zürich und Rapperswil, dass für die weitere Entwicklung der Agglomeration die Zusammenarbeit und eine gemeinsame regionale Perspektive der Gemeinden zwingende Voraussetzungen sind.

Die S-Bahn Zürich hat zu einer besseren Erreichbarkeit und einer Ausweitung des städtisch geprägten Siedlungsraums in das Umland beigetragen. Diese Veränderungen lassen sich entlang der S5 besonders gut erkennen. Mit dem Projekt «S5-Stadt. Agglomeration im Zentrum» liegt nun eine umfangreiche analytische Beschreibung und ein Problemaufriss für die künftige Raumentwicklung vor. Im Fokus steht dabei die gelebte Realität, die Perspektive der Bevölkerung.

Die Agglomeration ist ein neuer Typ «Stadt». Es gibt weder in der Bevölkerung noch in der Politik eine klare Vorstellung über einen gemeinsamen Lebensraum, man versteht sich nach wie vor eher als «Ustermer», «Wetziker» oder «Bubikerin». Die Forscherinnen und Forscher zeigen auf, wo Chancen und Potenziale liegen.

Wie die Autoren und Autorinnen der Studie bin ich der Auffassung, dass die weitere Bauentwicklung auf das bestehende Siedlungsgebiet konzentriert werden muss. Zentral ist aber die Steigerung der Siedlungs- und Bauqualität. Wenn Freiräume prägende Elemente der Agglomeration sind, dann sind die Übergänge zwischen Siedlung und Landschaft besonders sorgfältig zu gestalten. Es wird in Zukunft nicht mehr ausreichen, die Entwicklung nur mit dem Zonenplan zu steuern. Raumplanung muss die räumliche, die dritte Dimension, stärker in die Diskussion einbeziehen.

Der Ansatz dieses Buches, die vielschichtigen und nicht ganz einfachen Mechanismen der Zersiedelung durch Interviews und journalistisch aufbereitete Beiträge für ein breites Publikum verständlich aufzubereiten, ist ein beachtenswerter Beitrag zum Diskurs über die Raumentwicklung. Für unsere aktuelle Arbeit an der Gesamtüberprüfung des kantonalen Richtplans bieten sich hier Grundlagen und Ideen, die wir mit den Gemeinden und Regionen vertiefen werden. Allen, die am Gelingen des Projekts mitgewirkt haben, danke ich für ihren wichtigen Beitrag zum besseren Verständnis der Agglomeration und zu einer zukunftsfähigen Raumentwicklung.

Wilhelm Natrup
Kantonsplaner
Chef Amt für Raumentwicklung
Baudirektion Kanton Zürich

Einleitung

Die S5-Stadt gibt es nicht! Es gibt kein Stadtpräsidium, kein Parlament, keine klar bestimmbaren Grenzen, weder Stadtplanung noch einen einheitlichen Steuersatz – geschweige denn ein Zugehörigkeitsgefühl – die das Wesen einer Stadt definieren könnten. Die S5-Stadt ist also ein Bild oder eine Metapher für eine Agglomeration auf dem Weg, Stadt zu werden, ein mögliches Entwicklungsszenario. Diese Assoziation der «S5-Stadt» entstand in einem Gespräch über die besonderen Eigenschaften und die Nutzung des Lebensraums, erschlossen durch die S-Bahn-Linie S5. Sie wurde zum Arbeitsbegriff und Projekttitel des Forschungs- und Transferprojekts «S5-Stadt. Agglomeration im Zentrum» des ETH Wohnforum – ETH CASE. Ziel war eine breit gefächerte Untersuchung des Agglomerationsraums entlang des einen Astes der S5 von Zürich Stadelhofen, Uster, Wetzikon, Bubikon, Rüti, Rapperswil-Jona bis nach Pfäffikon (SZ).

Die ausgewählte Forschungsregion gehört zur Agglomeration der Stadt Zürich. Mit rund 27 Gemeinden und 300 000 Bewohnerinnen und Bewohnern – je nach räumlicher Eingrenzung – ist sie nicht sehr viel kleiner als die Stadt Zürich mit einer Bevölkerung von rund 380 000 Personen. Mehr als die Hälfte der Menschen in der Schweiz lebt heute allerdings nicht in den Kernstädten, sondern in den ihnen zugeordneten Agglomerationsräumen. Der Begriff «Agglo» weckt dabei nicht unbedingt positive Assoziationen. Das vorherrschende Siedlungsmuster wird oft mit Siedlungsbrei oder Zersiedelung umschrieben und der gleichzeitige Verlust von Stadt und Land beklagt. Doch – ist das so?

Wie lebt es sich denn in der Agglomeration? Wie nehmen die dort Wohnenden ihren eigenen Lebensraum wahr, welche Qualitäten sind ihnen wichtig, und wie gestalten sie ihren Alltag? Welche Bedeutung haben Agglomerationsgemeinden als Wirtschaftsstandorte, wie widerspiegelt sich der wirtschaftliche und gesellschaftliche Wandel in den Siedlungsstrukturen? Welche Herausforderungen ergeben sich für politische Planungs- und Entscheidungsprozesse? Und schliesslich: Was könnte aus solch vielfältigen Erkenntnissen für eine nachhaltige Entwicklung der Region gelernt werden?

Diesen Fragen wollten wir mit dem Forschungsprojekt zu einer exemplarischen Untersuchung der Region am Fusse des Bachtels nachgehen. Ausgangspunkt war eine Vorstellung von Agglomeration als etwas Besonderes, dessen Qualitäten es zu entdecken gilt. Agglomeration, im Gegensatz zu Stadt und Land, als etwas Eigenständiges, Drittes zu erforschen, als Teil unserer Kultur wahrzunehmen und weiterzuentwickeln. Sie, liebe Leserin, lieber Leser, möchten wir auf diese Reise mitnehmen.

AgglOasen statt Agglo

Erstaunlich, was das kleine Wortspiel bewirken kann. Wasser, Palmen, grüne Inseln in der Wüste? Warum nicht symbolhaft in Oasen denken?

Am Anfang des Buches formulieren ein Stadtplaner, ein Architekt und zwei Politologen in Interviews eine einfache Vision für die Agglomeration zwischen Zürichsee und Bachtel, Rapperswil und Zürich: «Kultiviert die Oasen im Siedlungsbrei!» Statt abschätzig von Agglo zu sprechen, könnten in naher Zukunft die vielen AgglOasen im Zentrum stehen. Nämlich dann, wenn das Denken der Behörden und Planer neu an den Rändern ansetzt statt in den Zentren der Siedlungen.

AgglOasen können die lokalen Grün- und Naherholungsräume in der Umgebung der Städte und Gemeinden sein, die noch verbliebenen historischen Dorfkerne oder auch die neuen Wohn- und Arbeitsräume, in denen das bauliche Erbe dieser traditionsreichen Industrie- und Handwerksregion ablesbar bleibt. Und schliesslich, warum nicht die ganze Region als einen zusammenhängenden Landschaftspark begreifen? Als eine grosse AgglOase mit kleineren und grösseren gebauten Inseln, mit je eigenen besonderen Qualitäten, gut vernetzt untereinander und mit der Kernstadt Zürich.

Erkenntnisse aus den Forschungsprojekten

Der Hauptteil des Buches beinhaltet die wichtigsten Erkenntnisse aus den verschiedenen Forschungsprojekten. Dazu haben Journalisten und Journalistinnen die Forschenden befragt und die nachstehenden Beiträge zu den folgenden vier Themen verfasst.

Vom Wert der Ränder handeln die ersten drei Beiträge, welche die Vision «AgglOasen» mit Erkenntnissen aus den Forschungsprojekten untermauern. Ränder sind Orte des Übergangs, Schnittstellen zwischen der gebauten Welt und der Natur, die in der Region in vielfältigen Facetten oft vor der Haustüre liegt und ganz besonders geschätzt wird. Werden die Naturräume zum Ausgangspunkt der Planung, ergeben sich inspirierende Möglichkeiten für die Gestaltung dieses Lebensraumes. Vermeintliche Widersprüche zwischen und Bedürfnisse nach ländlichen und städtischen Qualitäten werden von der Bevölkerung im Alltag integriert. Um die besonderen Qualitäten dieses Lebens- und Landschaftsraums zu schützen, ist eine Raumpolitik der Balance zwischen Nachhaltigkeit und Eigeninteressen vonnöten.

Vom Wert der kurzen Wege und der Vielfalt des Wohnens ist das Wachstum der letzten Jahrzehnte in der Region geprägt. Die S5 sowie weitere öffentliche und private Mobilitätsoptionen spielen dabei eine entscheidende Rolle. Vielfältige Wohnideale und Wohnweisen kennzeichnen den Alltag der Einwohner und Einwohnerinnen in unterschiedlichen Gemeinden. Nachbarschaftliche Beziehungen verändern sich durch dynamische Wohn- und Lebensbiografien, neue Kommunikationsformen und Mobilität.

Vom Wert der Vernetzung und regionalen Verankerung hängt die gegenwärtige und zukünftige Attraktivität der Region zwischen Zürich und Rapperswil als Wirtschaftsstandort ab. Doch nicht nur Arbeitsplätze interessieren: Zugang zu Schulen, Betreuungs- und Freizeitangebote sowie berufliche Perspektiven für Jugendliche sind weitere zentrale Qualitäten, denen es Rechnung zu tragen gilt. Was Mannschaftsdenken – anstatt dass jede Gemeinde nur für sich selbst plant – für die städtebauliche Zukunft der Region bedeuten könnte, wird hier ebenfalls illustriert.

Vom Sinn eines Perspektivenwechsels handelt der Beitrag zu einer zukunftsfähigen Entwicklung der Region. Die vorangestellten Karten illustrieren Geschichte und Struktur dieses Raumes. Mit einer erweiterten Sichtweise von Zusammenhängen und der Umsetzung möglicher Strategien könnte die Transformation der Agglomeration am Fusse des Bachtels in eine oder eine Vielzahl von AgglOasen schon begonnen haben.

Forschung und Transfer – die doppelte Zielsetzung

Das Forschungsprojekt «S5-Stadt. Agglomeration im Zentrum» verfolgte von Anfang an das Ziel, nicht nur wissenschaftliche Befunde zur Agglomeration zu generieren, sondern diese auch in vielfältiger Art zurück in die Region zu tragen. Dies unterscheidet das Projekt von verwandten Forschungsvorhaben. Mit verschiedensten Formen des Wissenstransfers wollten wir die Entscheidungsträger und die Bevölkerung für die Qualitäten und Zukunftsperspektiven sensibilisieren sowie eine Diskussion über die Zukunft ihres Lebensraums anregen.

Forschung

Elf unterschiedliche Themenbereiche wurden im Rahmen dieses inter- und transdisziplinären Forschungsprogramms konzipiert, begleitet von einem wissenschaftlichen Beirat. Die Integration von Wissen und Methoden der natur-, sozial-, kultur-, ingenieurwissenschaftlichen und gestaltenden Disziplinen war Ziel und Herausforderung zugleich. Rund 30 Forscherinnen und Forscher machten sich auf, die Region entlang der S5 während mehrerer Monate zu erkunden. Die Forschungsmethoden richteten sich stark an der Bevölkerung aus, deren Perspektive bei der Mehrzahl der Projekte im Vordergrund stand. Im Weiteren wurden regionale Akteure aus Wirtschaft, Politik und Planung befragt. Ziel war, den «Stand der Dinge» zu ergründen sowie die Vorstellungen zur zukünftigen Gestaltung der Region am Fusse des Bachtels abzubilden.

Die ausführlichen Ergebnisse der Forschungsprojekte sind in Form eines E-Books auf dem Internet publiziert: www.s5-stadt.ch. Die Forschungsberichte sind gemäss dem Prinzip «open access» kostenlos zugänglich. In Zusammenarbeit mit hier + jetzt, Verlag für Kultur und Geschichte, konnte diese neue Leseform grafisch so ansprechend wie eine Buchpublikation gestaltet werden. Gleichzeitig wurden die Möglichkeiten, die elektronische Medien bieten, genutzt: So gibt es beispielsweise einen Link zu drei ausgewählten filmischen Wohnporträts aus der Region.

Transfer

Dieses Buch bildet den Abschluss der Transferaktivitäten. Vielfältige Zielgruppen aus Fachkreisen und der interessierten Bevölkerung wurden mit einem breitgefächerten Reigen von Veranstaltungen angesprochen, die zwischen Frühjahr und Herbst 2010 in verschiedenen Gemeinden stattfanden. In Podiumsdiskussionen und Einzelreferaten wurden die Forschungsresultate sowie übergeordnete Inhalte aus dem Gesamtprojekt thematisiert und diskutiert. Führungen und fachlich kommentierte Spaziergänge in verschiedenen Gemeinden regten dazu an, die eigene Alltagswelt aus ungewohnter Perspektive kennenzulernen. In Zusammenarbeit mit Organisationen und Veranstaltern aus der Region entstanden kulturelle Anlässe.

Auch Jugendliche wollten wir für die Gegenwart und Zukunft ihres Lebensraums sensibilisieren. Dies geschah im Kontext von Matura- oder Semesterarbeiten an vier Gymnasien der Region, Fotoworkshops für Schulklassen aus dem ganzen Kanton und einem Wettbewerb an der Berufsschule für Gestaltung Zürich, aus dessen Siegerbeitrag das «corporate design» für die Transferphase entstand. Ein Rückblick auf ausgewählte Transferaktivitäten findet sich im Nachwort am Schluss dieses Buches. Der Überblick über alle Veranstaltungen ist auf www.s5-stadt.ch publiziert.

Dank

Die Zahl der an diesem breit angelegten Projekt beteiligten Personen und Institutionen ist gross, zu gross, um sie hier einzeln aufzuführen. Ein besonderer Dank gilt der Gebert Rüf Stiftung und der Avina Stiftung, deren grosszügige Anschubfinanzierung den Projektstart überhaupt ermöglicht hat. Der grosszügige Beitrag des Lotteriefonds des Kantons Zürich war entscheidend für die Planung und Durchführung der Transferprojekte.

Für die massgebliche Unterstützung der vorliegenden Buchpublikation danken wir auch dem Lotteriefonds des Kantons St. Gallen, der ETH Zürich sowie «Uster fördert Kultur» und der Gemeinde Greifensee. Herzlich danken möchten wir auch den Wirtschaftspartnern aus der Region: Allco AG, Bank Linth LLB AG, Büchi AG, Clientis Bezirkssparkasse Uster, CSL Immobilien AG, Denz AG, Einkaufscenter Volki-Land, Hesta AG, Lenzlinger Söhne AG, Reichle & De-Massari AG, Verkehrsbetriebe Zürichsee und Oberland VZO, Walde & Partner Immobilien AG.

Freude bereitet hat die engagierte Zusammenarbeit mit dem Verlag hier + jetzt, der uns zur Publikation der Ergebnisse auf zwei Schienen – E-Book und Buch – ermutigte und uns dabei kompetent begleitete.

Ein ganz grosses Dankeschön geht an die über 30 Forscherinnen und Forscher, welche die Herausforderung zur Teilnahme an diesem interdisziplinär angelegten Projekt angenommen und sich intensiv damit auseinandergesetzt haben. Ohne sie gäbe es dieses Buch nicht. Doch auch sie hätten wenig zu berichten, wären nicht viele Bewohnerinnen und Bewohner, wirtschaftliche und politische Akteurinnen und Akteure bereit gewesen, sich offen und engagiert zu ihrem Lebensraum zu äussern. Sie alle werden die Zukunft ihrer Region mitbestimmen.

Margrit Hugentobler
Leitung ETH Wohnforum – ETH CASE
ETH Zürich

AgglOasen: eine Vision

Mit Professor Thomas Sieverts, Forschungsleiter des Projekts «S5-Stadt. Agglomeration im Zentrum», sprach Martin Widmer

Von den Rändern her denken

Sie beschäftigen sich seit Jahrzehnten mit den Themen Städtebau und Agglomeration. Was interessiert Sie daran?

Thomas Sieverts: Ich bin in Hamburg aufgewachsen. Als der Krieg zu Ende ging, war ich zehn Jahre alt und die Stadt völlig zerstört. Es galt, sich Gedanken zu machen, wie die Stadt neu aufgebaut werden konnte.

In den 1960er-Jahren begannen Sie sich als Architekt und dann als Professor mit der Agglomeration zu beschäftigen, als sich noch niemand dafür interessierte.

Thomas Sieverts: Alle haben über die Vorstädte und die Agglomeration geschimpft. Sie sei hässlich, fresse das Land auf und zerstöre die Landschaft. Das hat mich zum Widerspruch gereizt. Und zudem hat mich immer die ungeplante Seite der Stadt interessiert, die anarchischen Seiten, dort, wo sich die religiösen und die ökonomischen Rebellen niedergelassen haben.

Die ökonomischen Rebellen?

Thomas Sieverts: Denken Sie an die Textilindustrie Mitte des 19. Jahrhunderts rund um den Zürichsee und im Zürcher Oberland. Die industrielle Revolution hat nicht in der Stadt begonnen, denn in den alten Kernstädten haben die Zünfte mit ihrer strengen Ordnung den Fortschritt verhindert.

Welche Rolle spielen die Ränder?
Thomas Sieverts: Der Stadtrand war schon immer ein Brutplatz für neue Lebens- und Arbeitsformen. Die Untersuchungen des Forschungsprojekts entlang der S5 haben gezeigt, dass die Ränder heute am attraktivsten zum Wohnen sind. Denn am Rand lässt sich das Beste zweier Welten, von Stadt und Land, verbinden: einerseits in einem so nahe wie möglichen Bezug zur Landschaft und Natur, andererseits in der Nähe von Läden und Schulen und zudem mit einem guten Anschluss ans öffentliche Verkehrsnetz und an den regionalen Arbeitsmarkt. Die Bewohner zwischen dem Bachtel und dem Zürichsee, zwischen Rapperswil und Zürich leben in einer urbanen Landschaft.

Wenn alle an den Rändern wohnen wollen, franst diese urbane Landschaft jedoch aus, und es bleibt nur ein Siedlungsbrei.
Thomas Sieverts: Im Gegensatz zur Kernstadt verfügt die Agglomeration über ungezählte Kilometer an Rändern. Wer die Region zwischen Zürich und Rapperswil auf einer Luftaufnahme betrachtet, dem sticht der Reichtum an Rändern dieser Region sofort ins Auge. Man muss nicht einmal ins Flugzeug steigen. Als ich das erste Mal den Blick vom Bachtel über mein Forschungsgebiet streifen liess, war ich fasziniert von diesem zufällig gewachsenen Gebilde: eine Gartenstadt mit unzähligen grünen Inseln, vielen kleinen Gewässern, in der Mitte der Greifensee und der Pfäffikersee und am südwestlichen Rand der Zürichsee. Verglichen mit anderen Agglomerationen Europas, die ich untersucht habe, zeigt der Blick vom Bachtel, dass die Ränder viel weniger ausgefranst sind, als sie sein könnten.

Mit der zunehmenden Bautätigkeit in den immer noch grossen Bauzonen der einzelnen Gemeinden ist es nur eine Frage der Zeit, bis die Ränder zusammenwachsen und aufhören, Ränder zu sein. Was ist gegen das Ausfransen der Ränder zu tun?
Thomas Sieverts: Es gilt die Ränder zu schützen! Dazu ist aber ein Blickwechsel nötig, das heisst, wir müssen die Perspektive wechseln, in anderen Bahnen denken, als wir das bisher getan haben. Wer eine zunehmende Verdichtung innerhalb der Bauzonen fordert, stösst bei Politikern wie Einwohnern und Einwohnerinnen auf Widerstand, da die Verdichtung nicht populär ist. Wir müssen von den Rändern her denken und gleichzeitig die Grünräume entwickeln!

Und was heisst das konkret?
Thomas Sieverts: Wenn wir von den Rändern her denken und diese bewahren wollen, müssen wir auch die Grünräume schützen. Dazu braucht es eine übergreifende Idee. Thea Rauch-Schwegler, Daniel

Blumer und Martin Schneider haben die Vision eines zentralen Parks für die Agglomeration am Fusse des Bachtels formuliert. Ein Park zwischen dem Pfannenstil auf der einen und dem Greifensee sowie dem Pfäffikersee auf der anderen Seite. Eine urbane Landschaft braucht einen Park, der ihr eine Mitte, eine Identität gibt, wie das die vielen Beispiele der historischen Kernstädte zeigen, denken Sie nur an den Central Park von New York, an den englischen Garten in München oder an den Hyde Park in London. Ein Ort zum Spazieren, zum Flanieren, zum Streunen.

Hat es in der Region zwischen Zürich und Rapperswil Platz für einen grossen Landschaftspark?

Thomas Sieverts: Noch hat es Platz. Oder anders gesagt, noch hat es viele Orte, die sich für einen grösseren oder kleineren Park eignen würden. Daniel Kübler und Larissa Plüss haben im Lauf des Forschungsprojekts von den vielen kleinen Oasen in der Siedlungswüste gesprochen, von den AgglOasen. Dieses Wort gefällt mir sehr. Es ist so poetisch und bringt eine der Qualitäten der Agglomeration auf den Punkt: Es gibt viele kleine und grosse Grünräume im Zürcher Oberland, viele Wälder, Seen und Bäche. Vielleicht braucht diese Region nicht einen zentralen Park, sondern viele dezentrale Pärke, eben AgglOasen. Und wenn ich diese Vision noch etwas ausmalen darf: Warum nicht all diese kleinen AgglOasen zu einer grossen AgglOase verbinden, die sich von Zürich bis Rapperswil erstreckt, vom Zürichsee bis zum Schnebelhorn?

Ein Park, der sich in vielen Schlaufen durch die ganze Region zieht?

Thomas Sieverts: AgglOasen sind für mich nicht nur Landschaften, sondern auch kultivierte Grünräume wie Gärten, Kolonien von Schrebergärten, Pärke oder zugängliche Brachen. Auch kulturelle Orte wie Museen oder Kulturfabriken, wie zum Beispiel die Kulti in Wetzikon oder das Kunst(Zeug)Haus in Rapperswil, sind für mich AgglOasen. Oasen sind ja eigentlich Wasserstellen, bewässerte und kultivierte Gärten mitten in der Wüste. Daher betrachte ich auch alle Gewässer, vom kleinsten Bach bis zum grössten See, als AgglOasen. Gewässer sind die beliebtesten Naherholungsgebiete, das haben unsere Forschungsergebnisse zur urbanen Landschaft zwischen Zürich und Rapperswil auch gezeigt. Sie haben einfach eine beruhigende Wirkung auf die Menschen. Und Gewässer haben immer ausgeprägte Ränder.

Glauben Sie, dass sich diese Vision von einem Netz von AgglOasen verwirklichen liesse?

Thomas Sieverts: Ich kann mir das sehr gut vorstellen, da sich mit dieser Vision die Ränder kultivieren liessen. Der Perspektivenwechsel wäre dann eine logische Folge. Mir liegt aber noch etwas

Weiteres am Herzen: Ich glaube, dass sich eine Region wie die Agglomeration am Fusse des Bachtels vermehrt um ihre Eigenart kümmern muss. Das gilt zuerst für jede Gemeinde. Was ist ihre Begabung, ihr Wesen? Was liesse sich aufgrund der ökonomischen Geschichte entwickeln? Was aufgrund der naturräumlichen Voraussetzungen? Dazu gehört auch die Frage: Welche AgglOasen einer Gemeinde müssten in das Netz einer grossen, überregionalen AgglOase aufgenommen werden?

Und wer müsste, wer könnte das koordinieren?
Thomas Sieverts: Zuerst müssten sich die Gemeinden selbst über eine raumfunktionale Arbeitsteilung ihre Gedanken machen. Die Gemeindeautonomie hat in der Schweiz ja eine lange Tradition und wird auch heute noch grossgeschrieben. Das ist wertvoll. Doch ohne Koordination geht es nicht. Ob das auf kantonaler Ebene oder auf einer regionlen Ebene zwischen Kanton und Gemeinde passieren sollte, kann ich nicht sagen. Liessen sich da neue Formen direktdemokratischer Mitbestimmung für ein ganz konkretes Projekt wie die AgglOasen einführen? Und was mir noch zentraler scheint: Liessen sich da auch Bewohner und Bewohnerinnen der Agglomeration einbinden, welche keine enge Beziehung zu ihrer Wohngemeinde entwickelt haben? Aufgrund ihrer beruflichen Tätigkeiten wären sie möglicherweise prädestiniert, einen Beitrag zur Verwirklichung der Vision zu leisten. In der urbanen Landschaft einer Agglomeration mischen sich städtische und ländliche Lebensstile, das hat unser Forschungsprojekt klar gezeigt. Vielleicht braucht es da auch einen neuen politischen Stil.

Bebautes Land ist rosa eingefärbt. Das Zürcher Oberland ist heute wesentlich geprägt durch seine Entwicklung der 50er- und 60er-Jahre, als die Agglomeration grosses Wachstum erlebte. Die meisten Wohnungen stammen, ebenso wie viele Schulen, zahlreiche Betriebe und die ersten Einkaufszentren, aus dieser Zeit. Seither haben sich die Gemeinden weiter ausgebreitet und sind aufeinander zugewachsen. Nicht nur wegen des Bevölkerungswachstums und Zuzügern, auch wegen unserer Ansprüche wächst die rosa Fläche: Pro Kopf werden knapp 50 Quadratmeter Wohnfläche belegt.

Bauliche Landnutzung, Stand 2010

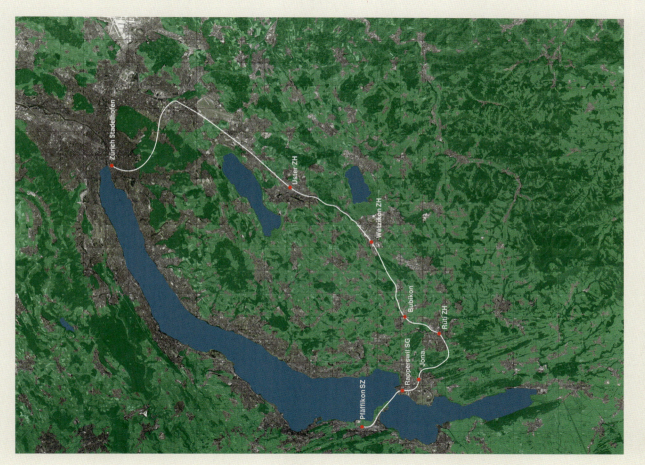

Die Umkehrung der Ansicht: Die grünen Flächen sind noch unbebaut, dienen Forst- und Landwirtschaft, der Erholung und Freizeit oder sind unter Schutz gestellt. Je nach Zone, der sie heute zugeordnet sind, können sie später noch bebaut werden.

Landschaftsraum, Stand 2010

Eine Region, welche «die Ränder pflegt», könnte so aussehen: Anstelle einer Planung, in der jede Gemeinde für sich denkt, wird die Region als Ganzes zum Massstab. Den Grenzen zwischen bebautem und unbebautem Raum wird besondere Aufmerksamkeit gewidmet. Statt von Bauprojekten ginge die Planung künftig von schützenswertem Landschaftsraum, von kleineren Freiräumen und von den kostbaren Rändern aus.

Visionen AgglOasen und Central Park

- Bauliche Landnutzung, Stand 2010
- Bauliche Verdichtungsgebiete
- Bauliche Verdichtung der Siedlungsränder
- Offene Parkräume (AgglOasen, Central Park)
- Offene Landschaftsräume

Die Vision konkretisiert: Die Region hat viele Aspekte eines ländlichen Gebiets, gleichzeitig funktioniert sie in mancher Hinsicht bereits heute wie eine Stadt. Die Agglomeration hat viele Qualitäten, die sie selbstbewusst stärken, ausbauen und auf ihren «Stadtplan» setzen könnte.

Die S5-Stadt als Metapher

- Lokalmarktoasen
- Grossmarktoasen
- Landschaftsoasen
- Eco-Agrikulturoasen
- Waldoasen
- Kulturoasen
- Bergoasen
- Wassersportoasen
- Globalisierungsoase

AgglOasen: eine Vision

Mit Daniel Kübler und Larissa Plüss vom Institut für Politikwissenschaft der Universität Zürich sprach Martin Widmer

Von den Freiräumen ausgehen

Sie beide haben das Wort AgglOasen erfunden. Wie sind Sie als Politologen auf so ein poetisches Wort gestossen?

Larissa Plüss: Aus einem Notstand. Am Ende unserer Forschungen haben wir einen Katalog aufgestellt, wie die Gemeinden und der Kanton die grassierende Zersiedelung in den Griff bekommen könnten. Wir wollten Massnahmen und Instrumente vorschlagen, um eine nachhaltige Siedlungsentwicklung zu steuern: zum Beispiel eine restriktivere Baubewilligungspraxis des Kantons mit der Festlegung von Zonen mit höherer Dichte.

Daniel Kübler: Statt über die Bauzonen könnte man der Zersiedelung auch über die Freihaltezonen entgegenwirken und nützliche Instrumente dafür suchen. Freihaltezonen-Schutzinstrumente! Mit einem solchen Begriff können wir jedoch nicht hausieren gehen.

Larissa Plüss: Bei einem Brainstorming haben wir nach anderen Begriffen gesucht, um auszudrücken, dass man von den Grünräumen, den Oasen in der Siedlungswüste der Agglomeration aus denken müsste. Und da war es nicht weit zu den AgglOasen. Das ist viel griffiger und ein schönes Bild, um zu erklären, dass man beim Planen der Siedlungen von den Freiräumen ausgehen sollte.

Welche Arten von AgglOasen gibt es für Sie?

Larissa Plüss: Grosse Grünräume, das sind für uns AgglOasen, ganze unüberbaute Landschaften, Wälder, Flusslandschaften, Seen. Zum

Beispiel die Landschaft rund um den Greifensee würde sich als AgglOase eignen, die es vor einer weiteren Überbauung zu schützen gilt. Als Oase würde sich auch das Riet zwischen Bubikon und Wetzikon anbieten und viele weitere Grünräume.

Schrebergärten und kulturelle Oasen, sind das auch AgglOasen, wie Professor Sieverts das im vorhergehenden Interview ausgemalt hat?
Daniel Kübler: Wir sehen das eher in einem grösseren Rahmen, für uns steht die Idee von Landschaftsparks im Vordergrund.

Thea Rauch-Schwegler hat in ihrem Forschungsbericht vorgeschlagen, auch neue AgglOasen zu schaffen, zum Beispiel einen neuen See.
Daniel Kübler: Warum nicht. Gebiete mit stehenden oder fliessenden Gewässern gehören zu den beliebtesten Erholungsräumen. Wesentlich für uns ist, dass solche AgglOasen gemeindeübergreifend geschützt oder realisiert werden müssen. Das zwingt die Gemeinden, auch grossräumiger zu denken. Agglomerationen sind nicht Ansammlungen von Dörfern und Siedlungen, sondern eine urbane Landschaft. Das sind urbane Räume. Und dazu gehören auch zentrale Grünräume, zentrale Parks.

Plädieren sie für einen zentralen Park in der Region Zürcher Oberland oder für mehrere AgglOasen, die nicht zusammenhängen müssen?
Larissa Plüss: Einen Central Park wie in New York zwischen Pfannenstiel und Greifensee zu schaffen, das wäre natürlich ein starkes Signal. Wir sehen eher mehrere AgglOasen, die auch nicht unbedingt verbunden werden müssen.
Daniel Kübler: Wenn nur schon zwei, drei Gemeinden sich für eine gemeinsame AgglOase engagieren würden, da wäre schon viel gewonnen. Bisher denken viele Gemeindepolitiker oft nur bis an die Grenze ihres Wahlkreises und wehren sich mit Händen und Füssen dagegen, etwas von ihrer Autonomie abzugeben. Für die Lebensgewohnheiten der Bewohner spielen jedoch die Gemeindegrenzen eine immer geringere Rolle.

Wie bringt man die Gemeinden, die Gemeindepolitiker dazu, über die Grenzen der eigenen Gemeinden hinaus zu denken und zu handeln?
Daniel Kübler: Die Vision von AgglOasen wäre eine reale Möglichkeit. Ansonsten müssten wir warten, bis der Druck von aussen gross genug wird. Entweder wird der Siedlungsdruck so gross, dass die Gemeinden befürchten müssen, massiv an Wohnqualität zu verlieren. Der Leidensdruck ist heute beispielsweise im Limmattal bereits so gross, dass sich Gemeinden für gemeinsame Grünräume oder Landschaftsparks stark machen. Oder der Druck kommt von oben,

vom Kanton oder vom Bund. Diese müssten klare Vorgaben setzen, wo Grünräume zu erhalten sind, wo nicht mehr gebaut werden darf.

Larissa Plüss: Zukunftsweisend wäre es, das Bundesinventar von schützenswerten Landschaften mit einem Inventar von urbanen Landschaften zu ergänzen, die nicht überbaut werden dürfen und die es zu schützen gilt.

Oasen schaffen statt verdichten?

Daniel Kübler: Es ist keine Frage von «entweder oder» – es braucht eine qualitative Verdichtung nach innen und die Freihaltung von Grünräumen. Verdichten ist aber nicht sehr populär. Ein Gemeindevertreter hat beispielsweise gesagt: «Dicht ist hässlich.» Wir glauben, es ist einfacher, wenn man von den AgglOasen ausgeht und zuerst die Grenzen für die Freiräume zieht. Und dann steht die restliche Fläche für die Bebauung zur Verfügung. Weil diese begrenzt ist, bleibt nur die Verdichtung als logische Konsequenz.

Qualitativ verdichten, ist eine Mehrheit der Bevölkerung dafür zu gewinnen?

Larissa Plüss: Wir können ja nicht nur die Oasen kultivieren und die Siedlungsflächen unkoordiniert verdichten. Wir müssen beides sehr genau im Auge behalten und uns bei der weiteren Bebauung für eine hohe städtebauliche Qualität einsetzen. Nicht jeder Eigentümer kann seinen Traum vom Einfamilienhaus oder kleinen Mehrfamilienhaus in Zukunft einfach *tel quel* umsetzen. Viele Leute sind heute sensibilisiert, es besteht ein Bewusstsein, dass wir keine Bauern mehr sind, sondern Teil einer urbanen Gesellschaft.

Daniel Kübler: Es ist das Schicksal der Menschheit, dass wir alle zu einem grossen Teil in städtischen Gebieten leben. Seit 2008 lebt die Hälfte der Menschheit in einem urbanen Umfeld. 2050 werden es auf der ganzen Welt mehr als zwei Drittel sein. Und wir in der Schweiz leben heute schon zu drei Vierteln in Städten oder Agglomerationen. Dieses Schicksal erleben wir am eigenen Leib, Sie und ich. Auch wenn wir vielleicht Aussicht ins Grüne haben, sind wir letztlich doch Stadtmenschen.

Gibt es denn noch genug Flächen innerhalb des Siedlungsgebiets zum Verdichten?

Daniel Kübler: Es gibt innerhalb des Siedlungsgebiets noch viele kleine Flächen und Baulücken, die verdichtet werden könnten, aber auch grosse. Nehmen wir als Beispiel den Flugplatz Dübendorf: Da liesse sich exemplarisch die Hälfte als Landschaftspark oder als eine neue AgglOase einrichten. Und die andere Hälfte könnte verdichtet überbaut werden, mit einer hohen architektonischen und städtebaulichen Qualität.

Mit Martin Schneider, Architekt und Mitinhaber von Stoffel & Schneider Architekten AG, Zürich und Weinfelden, sprach Martin Widmer

Mit guten Bauten verdichten

Sie führen mit Ihrer Partnerin ein Architekturbüro mit einer Niederlassung mitten in Zürich und einer Niederlassung in Weinfelden. Genügt der Standort Zürich nicht mehr?

Martin Schneider: Bei uns läuft nicht mehr alles über Zürich. Der Anteil an Planungen im Kanton Thurgau und in der Ostschweiz ist in unserem Büro verhältnismässig gross. Auch die Büros unserer Fachplaner liegen vielfach in der Ostschweiz. Da liegt Weinfelden sehr zentral. Und da ich vor ein paar Jahren auch meinen Wohnsitz von der Stadt Zürich in die Nähe von Weinfelden verlegt hatte, war es naheliegend, dort einen Zweitsitz unseres Büros zu eröffnen.

Sie haben neben Ihrer Tätigkeit als Architekt während gut vier Jahren in leitender Funktion für das Forschungsprojekt «S5-Stadt. Agglomeration im Zentrum» gearbeitet. Ist das Thema Agglomeration so zentral?

Martin Schneider: Nicht nur für mich, sondern auch gesellschaftlich betrachtet, war 1980 die Jugendbewegung als sozialer Wandel zentral, auch wenn ich selbst nicht an vorderster Front mitgekämpft hatte. 1990 bewegte mich im Zuge des strukturellen Wandels der Arbeitswelt vom Industrie- zum Dienstleistungszeitalter die Frage nach der Umnutzung alter Industriebauten. Zurzeit ist das Thema Agglomeration und der Wandel von der Vorstadt zum unabhängigen und selbständigen Stadtkörper einer der wesentlichen Brennpunkte. Dabei beschäftigt mich die Frage nach den Auswirkungen der Zersiedelung für den Lebensraum der Agglomeration zwischen Zürich und Rapperswil. Der Landschaftsraum in Form einzelner AgglOasen oder als zentraler Park, als Central Park, fast wie in New York, wird eine wichtige Rolle spielen.

Warum wäre ein zentraler Park wichtig?

Martin Schneider: Je eindeutiger die Übergänge zwischen Landschaftsräumen und Siedlungsräumen sind, desto klarer und lesbarer und dadurch erlebbarer werden sie. Dies erhöht nicht nur den Wert der Landschaft, sondern ebenso den Wert der Wohnlagen an den Siedlungsrändern. Das ist eine der wesentlichen Erkenntnisse unserer Forschung: Die höchste Wohnqualität liegt heute entweder in den urbanen Zentren oder an den Siedlungsränder. Die kurzen Wegdistanzen sowie die Sicht ins Grüne, Weitsicht, See- oder Alpensicht erhöhen nicht umsonst den Wert der Lage. Diese Vorzüge, kombiniert mit entsprechender Erschliessung durch öffentlichen und individuellen Verkehr in die Grossregion und in die urbanen Zentren, machen den Wohnraum an den Siedlungsrändern so attraktiv. Diese Vorzüge müssen wir beim Bauen in der Agglomeration pflegen, indem wir langlebige Qualität schaffen.

Wie wollen Sie diese Qualität pflegen?

Martin Schneider: Wir müssen uns bemühen, dass wir die Agglomeration, und da im Speziellen die Siedlungsränder, nicht mit Bautypen mit zu geringer Dichte und zu hohem Landkonsum weiterwachsen lassen. Wir sollten eine höhere Dichte mit scharfen Übergängen zur offenen Landschaft fördern. Das heisst, eine mindestens dreigeschossige Bebauung erstellen, mit vielfältiger Nutzung und hochwertigen Aussenräumen, seien es Strassen, Gassen oder Höfe mit entsprechendem Aus- und Durchblick.

Mit der heutigen baurechtlichen Pflicht zur Einhaltung von Nutzungsbestimmungen und Ausnutzungsvorschriften mit Obergrenzen erreichen wir jedoch das Gegenteil.

Welche Vorgaben wären nötig, damit sich die Agglomeration im Bereich der Architektur qualitativ entwickelt?

Martin Schneider: Die heutigen Begrenzungen der maximal zulässigen Dichte gehen auf städtebauliche Idealbilder der Moderne und ihre Umsetzung in der Boomzeit zurück. Diese funktionalen Vorstellungen von Stadt haben die heutige Zersiedelung unterstützt und sind überholt. Statt Obergrenzen von Ausnutzungsbestimmungen müssten eher Mindestmasse vorgeschrieben werden, die grundsätzlich ein möglichst dichtes Bauen ermöglichen. Statt Zonen mit unterschiedlichen Funktionen zu trennen, wäre es viel zeitgemässer, einen freien Nutzungsmix von Wohnen, Arbeiten und Freizeit zuzulassen. Und um eher ländliche Regionen vom Bebauungsdruck zu befreien, sollte über einen gelenkten Verkauf oder Transfer von Ausnutzungsrechten an zentrale Lagen ernsthaft nachgedacht werden. Das würde bedeuten, dass Gemeinden, die auf Ausnutzungsrechte verzichten, finanziell entschädigt werden. Dies ergäbe folgerichtig auch eine massvolle Erschliessung und Mobilität.

Also Wildwuchs an allen Fronten?

Martin Schneider: Nein, eben nicht! Eine mögliche Massnahme zur Steuerung der Bauqualität in den Baugebieten wäre die konsequente Anwendung bestehender Steuerungsinstrumente wie zum Beispiel der Wettbewerb. Zur Beurteilung wären dann neu regionale, nicht mehr kommunale Baukommissionen mit Fachvertretern, Politikern und Laien zuständig. Die kommunalen Baubehörden der einzelnen Gemeinden können nur im gemeindeeigenen Gebiet agieren, ihre Entscheide sind aber oft von weiter reichendem Einfluss und kommen für die langfristige Qualitätssteuerung immer mehr an ihre Grenzen.

Damit schlachten Sie eine heilige Kuh, die Gemeindeautonomie!

Martin Schneider: Das Messer direkt bei heiligen Kühen anzusetzen, das empfiehlt sich nicht, das ist richtig. Zuerst müssten wir Planer und Architekten uns selbst vertieft mit dem Thema der Zersiedelung und den Mechanismen, die dazu führen, auseinandersetzen. Es entsteht, schlicht gesagt, viel zu viel schlechte Bausubstanz. Dass die Frage nach dem Ort der Verdichtung sowie ihrer Qualität nicht mehr innerhalb der Gemeindegrenzen alleine entschieden werden soll, ist für mich jedoch ganz klar. Eine ständige regionale Jury mit einem «Stadtbaumeister für die urbane Landschaft», analog zum Stadtbaumeister einer Kernstadt mit einer Stadtbildkommission im Rücken, könnte da einiges bewirken und prägen.

Oasen in der Agglomeration

15

Oasen in der Agglomeration – das sind die Naturräume; die Region zwischen Stettbach und Rapperswil, zwischen dem Greifensee und dem Bachtel ist reich davon. Oasen sind aber auch all die privaten Balkons und Gärten, Kulturstätten und Cafés, Nischen und geheimen Plätzchen, die sich entdecken lassen. Augen auf! Die Agglomeration hält viele Oasen bereit.

17

16

18

19

Erkenntnisse des Forschungsprojekts

Vom Wert der Ränder

Alltägliche Oasen
Wenn die Natur vor der Haustüre liegt

Tanja Wirz

Wo Land überbaut wird, geht Natur verloren. Bereits in den 1950er-Jahren beklagten sich namhafte Schweizer Architekten über diese «Zersiedelung» des Landes. Doch die Entwicklung liess sich nicht bremsen. Unzählige Baukräne zeigen es: Die Schweiz ist offenbar noch nicht fertig gebaut. Einen Quadratmeter Land frisst diese Entwicklung – pro Sekunde! Dies geschieht nicht nur, weil die Einwohnerzahl der Schweiz zunimmt, sondern auch weil sich die Menschen immer mehr Wohnraum leisten können und wollen: Fast fünfzig Quadratmeter sind es heute im Schnitt pro Person.

Dies alles gilt in besonderem Ausmass für das Gebiet zwischen Zürich Stadelhofen und Rapperswil-Jona. Es gehört zu jenen schweizerischen Regionen, die derzeit am stärksten überbaut werden: Das ehemalige Streusiedlungsgebiet wird immer städtischer. Eigentlich paradox, denn viele der Menschen, die dort wohnen oder hinziehen, tun dies genau deshalb, weil sie nicht in der Stadt, sondern lieber «draussen», in der Nähe der Natur leben wollen. Thea Rauch-Schwegler, Biologin und Mitinitiantin des S5-Stadt-Projekts, und Daniel Blumer, Sozialgeograf am Institut Sozialplanung und Stadtentwicklung der Fachhochschule Nordwestschweiz in Basel, haben sich im Teilprojekt «Naturräume in der S5-Stadt» mit diesem Thema befasst und haben untersucht, was die Agglomerationsbewohnerinnen und -bewohner von der Natur vor ihrer Haustüre halten. Wie nehmen sie diese wahr, und wozu wird sie genutzt?

Und wie könnten die heute noch bestehenden Naturräume bewahrt und besser miteinander vernetzt werden?

Nach draussen, aufs Land

Die Untersuchung begann an den Bahnhöfen der S5: Die Forschenden fragten rund sechzig zufällig ausgewählte Passantinnen und Passanten danach, wo sie an ihrem Wohnort jeweils spazieren gehen. So erhielten sie einen ersten Einblick, welche Naturräume überhaupt genutzt werden. Aufgrund dieser Kurzinterviews wurden jene vier Gemeinden ausgewählt, die am meisten Erkenntnisse versprachen: Uster als Zentrum der S5-Stadt, Bubikon als ländliche Gemeinde, Dübendorf am Rand von Zürich und schliesslich Rapperswil-Jona als ein von Zürich weiter entferntes Zentrum, das noch dazu in einem anderen Kanton liegt. An diesen vier Orten wurden in 16 längeren Interviews insgesamt 22 Personen befragt: Neuzugezogene, Alteingesessene, Frauen, Männer, Leute mit und ohne Kinder, Alte und Junge.

Dabei zeigte sich, dass die Nähe zur Natur für die Bewohnerinnen und Bewohner der S5-Stadt tatsächlich ein wichtiger Aspekt bei der Wahl ihres Wohnorts war. Die Befragten möchten gerne grosse, aber gleichwohl bezahlbare Wohnungen, keine zu langen Arbeitswege, attraktive Freizeitmöglichkeiten und – wenn sie Familie haben – ein kindgerechtes Umfeld: gute Schulen, andere Kinder, ungefährliche Spielräume. Diese Kombination ist in der Agglomeration eher zu finden als in Zürich. Und so ziehen denn auch Menschen, welche eigentlich lieber mitten in der Stadt wohnen würden und die Agglomeration als hässlich empfinden, «aufs Land». Dass man dort dafür schneller in der Natur ist, wird gewissermassen als Kompensation empfunden. Eine Dübendorferin bringt dies im Interview so auf den Punkt: «Ich hatte in Oerlikon eine schönere Wohnung als hier in Dübendorf, aber die Nähe zum Bach, zur Natur und zum Wald waren wichtige Gründe für meinen Umzug.»

Einmal in der Agglomeration wohnhaft, sind die Naturräume vor der Haustüre nicht bloss Statussymbol, sondern ein wichtiges Element der Lebensqualität im Alltag. Obwohl die meisten froh sind, dass sie schnell ins städtische Zentrum gelangen, ist es ihnen auch wichtig, am Feierabend «hinaus» zu können. Eine Liegenschaftenverwalterin aus Bubikon meint: «Wenn man die ganze Woche in Zürich ist, in dieser Hektik drin und überall Autos, dann ist es schön, am Abend oder am Wochenende walken zu gehen. Ich laufe jeweils einfach los, es gibt so viele schöne Orte. Die Ruhe ist mir wichtig. So kann ich mir Gedanken zum vergangenen Tag machen.»

Alltagsnatur und echte Natur

Die Naturräume werden – dies zeigte sich in den Interviews – auch benutzt, um Distanz zum anstrengenden Arbeitsalltag zu schaffen.

Man sucht Ruhe in der Natur, Bewegungsraum, Einsamkeit. «Es ist ein idealisiertes Bild der Natur, das die Menschen haben», sagt Thea Rauch-Schwegler. In den Interviews stellte sich nämlich heraus, dass die meisten sich unter «echter» Natur spektakuläre, menschenfreie Landschaften vorstellen, die es in dieser Form im Gebiet entlang der S-Bahn-Linie S5 nicht gibt. «Echte Natur», das sind für die Befragten das Hochgebirge, die Wüste, tropische Strände, Eisberge. Sehnsuchtsorte, die weit weg liegen und höchstens in den Ferien aufgesucht werden; Landschaften, auf die sich alles Mögliche projizieren lässt.

Solch spektakuläre, im Grunde aber auch recht menschenfeindliche Natur wünscht sich allerdings niemand der Befragten direkt vor die eigene Haustüre. Man gibt sich gerne zufrieden mit der vorgefundenen «Alltagsnatur», denn ausserhalb von Ferienreisen ist es wichtiger, dass die Naturräume unkompliziert erreichbar sind und als soziale Treffpunkte genutzt werden können, ob es sich nun um echte oder weniger echte Natur handelt.

Ein vor allem für sportliche Aktivitäten sehr beliebter Ort ist der Wald. Mit Abstand am wichtigsten sind den Bewohnerinnen und Bewohnern der Region aber die Seen und Gewässer, mit denen sie reichlich gesegnet sind: Der Greifensee, der obere Zürichsee, der Pfäffikersee, der Lützelsee, der Egelsee, die Glatt und der Aabach in Uster. Ja, sogar die zahlreichen kleinen Kanäle und Ausgleichsbecken der alten Industrieareale werden eifrig frequentiert. All diese Gewässer werden geschätzt als schöner Anblick, als Ort der Ruhe, aber auch als Platz, wo Menschen sich treffen und gemeinsam etwas tun können, wie baden, grillen oder Boot fahren.

«Der Greifensee», sagt eine neu nach Uster gezogene Mutter, «ist mit Abstand der wichtigste Freiraum in Uster. Und zwar für jegliche Sportarten und Bevölkerungsgruppen. Samstags ist es noch okay, aber sonntags kommt die Hälfte der Seepromenaden-Besucher von Zürich dazu, weil sie finden, hier sei es naturnaher. Es ist wirklich voll, schon bei den ersten Sonnenstrahlen im Frühling.» Diese starke Nutzung wird von vielen der Befragten erwähnt, aber offenbar – noch? – nicht als bedrohliche Übernutzung empfunden. Es scheint eher, dass die Befragten die grosse Attraktivität des Greifensees betonen, um zu zeigen, an welch begehrter Lage sie wohnen: Einige erwähnen, dass sie als Agglomerationsbewohner den Luxus geniessen, auch wochentags an den See gehen und so den lästigen Ausflügler-Massen ausweichen zu können.

Im Grossen und Ganzen, so Thea Rauch-Schwegler, sind die Agglomerationsbewohner und -bewohnerinnen mit den vorhandenen Naturräumen sehr zufrieden. So zufrieden, dass sie eher wenig Handlungsbedarf in Sachen Planung und nachhaltige Entwicklung sehen. Sie machen sich kaum Sorgen, ob die zunehmende Überbauung und Zerschneidung der Landschaft die Biodiversität gefährden könnten oder bereits beeinträchtigt haben. Im Grunde möchten sie einfach den jeweils angetroffenen Ist-Zustand beibehalten, die gewohnten Landschaftsbilder bewahren und ihren Erholungsraum nicht mit noch mehr Menschen teilen müssen. Die Forschungsleiterin meint: «Die Leute wollen den Fünfer und das Weggli: Grosszügigen Wohnraum und gut ausgebaute Verkehrswege, aber dennoch keine dichtere Bebauung.»

Unterschiedliche Strategien

Um die Sicht der Agglomerationsbewohnerinnen und -bewohner zu ergänzen, sprachen die beiden Forschenden zusätzlich mit den offiziellen Planern der vier Gemeinden, mit dem Kantonsplaner und mit dem Chef des Amts für Landschaft und Natur. Sie wollten so die Sicht von Fachleuten einbeziehen und herausfinden, ob und in welcher Form die jeweiligen Gemeinden Strategien eines nachhaltigen Umgangs mit den Naturräumen entwickeln und umsetzen. Dabei zeigten sich ziemlich grosse Unterschiede. In Rapperswil-Jona etwa sehen die Zuständigen wenig Handlungsbedarf, denn Rapperswil hat in Sachen Natur und Postkartenidyll ohnehin schon mehr, als man sich zu wünschen wagt. Einzig der zunehmende Verkehr und Lärm sind ein Thema, weniger aber das Zubauen der Landschaft. Und so ist denn auch der – von den kantonalen Gesetzen her eigentlich vorgesehene – Zürichsee-Uferweg für die Behörden kein Thema: Sie möchten am See lieber gute Steuerzahler ansiedeln als öffentlichen Naturraum schaffen. «Das sind rein ökonomische Interessen, die hier berücksichtigt werden», sagt Thea Rauch-Schwegler.

Auch die Gemeinde Dübendorf hat kaum Interesse, geschützte Naturräume einzurichten, obwohl Dübendorf in dieser Hinsicht wenig verwöhnt ist. Der Hochbord-Hügel beispielsweise, der beim Aushub für den Stettbachtunnel entstanden ist, wird eher als Problem denn als Chance wahrgenommen. In dieser Brachlandschaft haben sich zahlreiche seltene Tiere und Pflanzen angesiedelt. Der Ort wurde aber auch zum Jugendtreffpunkt, was der bürgerliche Gemeinderat als erstes Anzeichen einer drohenden «Verslumung» wertet.

Deutlich anders geht Uster an die Sache heran. Die Stadt hat bereits früh diverse ökologische Projekte lanciert, etwa die Vernetzung ökologischer Ausgleichsflächen, die Vermarktung regionaler Landwirtschaftprodukte, die Planung von innerstädtischen Parks und die Auszonung des Schutzgebiets Näniker Riet. Es wird versucht, die Bevölkerung für das Thema zu sensibilisieren, und zudem engagiert sich Uster zusammen mit den anderen Seeanlieger-Gemeinden in der «Greifensee-Stiftung», die sich um die Nutzung und Sauberhaltung des Greifensees kümmert. Am Greifensee zeigt sich die Notwendigkeit, über die Gemeindegrenzen hinweg zusammenzuarbeiten, denn es ist nicht von vornherein klar, wer dafür zuständig sein soll, das grosse Besucheraufkommen an Wochenenden in naturverträgliche Bahnen zu leiten.

Bubikon schliesslich verfügt seit 2002 über eine Nachhaltigkeitsstrategie, deren Umsetzung ökonomische, soziale und energetische Massnahmen umfasst. Unter anderen gelang es der Gemeinde, ähnlich wie Uster, durch gezielte Landkäufe das Schutzgebiet Hüsliriet neu einzurichten. Es ist im Sommer ein Vogelschutzgebiet, im Winter jedoch wird es geflutet und als Eisfeld genutzt: ein Versuch, die Interessen der Natur und der Menschen unter einen Hut zu bringen.

Perspektivenwechsel: Ein vernetzter Naturpark mit neuen Seen

Die Untersuchung zeigt, dass Naturräume sehr wichtig sind für die Lebensqualität in der Agglomeration. Gleichzeitig wird aber auch deutlich, dass nicht davon ausgegangen werden darf, dass Einzelpersonen und Investoren das allgemeine Interesse an einer nachhaltigen Entwicklung über ihre persönlichen Interessen stellen. Die beiden Forschenden appellieren deshalb an übergeordnete Instanzen, an Gemeinden, Kantone und überregionale Planungsgremien. Diese, so schlagen sie vor, sollen den bisherigen Blick auf die Naturräume grundsätzlich umkehren: Die noch bestehenden Naturräume sind jene Gebiete, die bisher nicht überbaut und genutzt wurden, übrig gebliebene Landschaftsreste zwischen den Siedlungen. Da sie zu einer immer stärker begrenzten, damit aber auch immer wichtigeren Ressource werden, sollten sie aus einer neuen Perspektive zum Ausgangspunkt der künftigen Planung gemacht werden: Oasen in der Agglomeration.

Wie sollen diese hoch geschätzten Naturräume nun aber konkret gestaltet werden? Daniel Blumer und Thea Rauch-Schwegler haben drei Vorschläge. Erstens sollen sie zu Grüngürteln zwischen den Gemeinden zusammengelegt werden. Diese könnten den Menschen als Park dienen, würden die heute vielfach durch Verkehrswege zerschnittenen Lebensräume von Tieren vernetzen und zudem Struktur in den immer gleichmässigeren «Siedlungsbrei» bringen. Als zweite Massnahme wird vorgeschlagen, die bestehenden Naturschutzgebiete zu einem regionalen Naturpark zu vernetzen: «Das Naturschutzgebiet Greifensee, das einmalige Moorgebiet der Drumlinlandschaft bei Wetzikon und die kantonalen Naturschutzgebiete im Zürichseebecken könnten, eventuell ergänzt durch das Tössquellgebiet, als Aushängeschilder im Zentrum stehen», meint Thea Rauch-Schwegler. Und schliesslich, so die dritte Forderung, brauche es mehr Naturraum an Gewässern. «Man könnte einige Fliessgewässer aufwerten und vor allem auch neue, künstliche, aber naturnah angelegte Seen schaffen, so wie im

Irchelpark in Zürich. Das Angebot an Seen ist für die grosse Nachfrage in der Region viel zu bescheiden.» Dies alles ist jedoch nur möglich, wenn die einzelnen Gemeinden stärker als bisher zusammenarbeiten und gemeinsam das Ziel verfolgen, die Naturräume der Region zu bewahren und aufzuwerten.

Das Forschungsprojekt «Naturräume – das grosse Plus in der S5-Stadt: Identitätsstiftende Naherholungsräume vor der Haustüre» wurde durchgeführt von: Thea Rauch-Schwegler und Daniel Blumer an der ETH Zürich, Departement Architektur, Architektur und Konstruktion, Professur Andrea Deplazes.
Der Forschungsbericht findet sich im E-Book auf www.s5-stadt.ch.

Der Bachtel – der Berg
Was der Agglomeration ein markantes Gesicht gibt

Lukas Kistler

Wodurch zeichnet sich die «S5-Stadt» aus? Diese Frage stellte das Forschungsteam «Konturen» Bewohnern und Bewohnerinnen der Region. Diese verknüpften in ihren Antworten klassische Merkmale der Stadt mit solchen des Landes. Die Raumplanung sollte, so der Schluss der Forschenden, diese Erkenntnis bei der künftigen Entwicklung der Region rund um den Bachtel berücksichtigen.

Braune, halblange Haare, graue Augen, hohe Wangenknochen: So lässt sich ein menschliches Gesicht beschreiben. Bewaldete Hügel, jäh abfallende Tobel, breite Walmdächer: Auch Landschaften können skizziert werden. Und die vergleichsweise kleinen Schweizer Städte lassen sich ebenfalls charakterisieren, Zürich beispielsweise mit See und Uetliberg, Altstadtquartier, Hochschulbauten und dem ehemaligen Industriequartier.

Doch wie lässt sich die Physiognomie einer ganzen Region zeichnen, zumal einer Region wie der «S5-Stadt», die erst durch das Forschungsprojekt ihren Zusammenhalt und Namen bekommen und sich weder Einheimischen noch Aussenstehenden ins Bewusstsein eingebrannt hat? Die Fahrt von Zürich nach Rapperswil mit der namengebenden S-Bahn-Linie S5 liefert eine mögliche Antwort: Sie führt vorbei am weiten Gelände des Flugplatzes in Dübendorf, später folgt die Fabrik der Jowa-Bäckerei in Volketswil, der Aabach, das Sauriermuseum im Aathal, die Birken eines Feuchtgebiets ausserhalb von Wetzikon, der Berg Bachtel mit Aussichtsturm, die Oberlandautobahn und zuletzt Rapperswil mit Blick auf den Zürichsee.

Das Forschungsteam des Teilprojekts «Konturen», geleitet von Joachim Schöffel und Christian Reutlinger, ist anders vorgegangen. Statt an S-Bahn-Fenstern flüchtige Ansichten der Landschaft zu erhaschen, statt den Panorama-Ausblick zu suchen oder gar in Ämtern Pläne auszuwerten, haben sie Einheimische befragt und sich bei ihnen nach den besonderen Merkmalen ihres Lebensraums erkundigt. Auch wollten sie von ihnen wissen, welche Bedeutung diese Merkmale in ihrem Alltag haben.

Die untersuchte Region ist ein Raum, der vor zwanzig Jahren in dieser Form noch gar nicht existierte. Denn bevor 1990 die S-Bahn ihre Fahrt aufnahm, gab es bloss Regionalzüge, die seit 1982 stündlich, später halbstündlich vom Zürcher Hauptbahnhof via Oerlikon ins Zürcher Oberland verkehrten. Eine halbe Stunde brauchte man bis Uster. Heute fahren S5 und S15 viertelstündlich vom damals ausgebauten Bahnhof Zürich Stadelhofen durch den ebenfalls neu ausgebrochenen Zürichbergtunnel, was die Fahrzeit nach Uster um die Hälfte verkürzte. Die S-Bahn verlieh der Region kräftigen Schub, die Siedlungsfläche dehnte sich aus, mehr Berufspendler und -pendlerinnen sind unterwegs – kurz: Das Gesicht der Region, welche die Forschenden «S5-Stadt» nennen, ist ein anderes geworden.

Die Perspektive der Einheimischen

Doch was für ein Gesicht? Die Agglomeration gilt häufig als gesichtslos. Fragt man nach Merkmalen von kleineren Städten und Agglomerationen des Mittellandes, fällt häufig der Ausdruck «Siedlungsbrei». Doch wenn Landschaften oder Städte je besondere Gesichter haben, weshalb können nicht auch Agglomerationen charakteristische Konturen haben, die sie fassbar und unterscheidbar machen? Die Frage nach der Kontur einer Region, so schreiben die Forschenden in ihrer Studie, stelle sich auch deshalb, weil die Raumplanung stets von bestimmten Konturen eines Raums ausgehe und darauf aufbaue. Zwar untersucht die Stadtforschung schon länger die Siedlungsform der Agglomeration. «Sie erforschte aber vor allem amerikanische und deutsche Agglomerationen, deren Begriffe kaum auf die kleinräumigen Schweizer Agglomerationen anwendbar sind», wendet Christian Reutlinger ein. Deshalb wählte das Forschungsteam den Ansatz, die Bevölkerung selbst zu befragen. Von den Befragten erhofften sich die Forschenden Auskunft darüber zu bekommen, ob «das untersuchte Gebiet als einheitliches Gebilde aufgefasst wird, für das sie eine gemeinsame Sprache entwickelt haben». Möglicherweise liesse sich daraus ein für Schweizer Agglomerationen geeigneteres Vokabular ableiten, so Reutlinger.

Christian Reutlinger und Joachim Schöffel sitzen in der Mensa der Hochschule für Technik Rapperswil (HSR). Der Blick gleitet von einer Bachstelze, die über den Rasen stolziert, und Hunden, die spazieren geführt werden, auf den Zürichsee, weiter auf Häuser am gegenüberliegenden Ufer: Pfäffikon, der letzte Ort im Forschungsgebiet. Schöffel lädt ein zu Kaffee und Cola, er lehrt an der HSR Raumplanung, ist ausgebildeter Landschaftsarchitekt und Stadtplaner. Reutlinger leitet als Sozialpädagoge und Geograf am Institut für Soziale Arbeit in Rorschach das Kompetenzzentrum Soziale Räume.

Ein Sozialwissenschaftler und ein Ingenieur – ein ungewöhnliches Forschungsgespann. Kennengelernt haben sie sich bei einem früheren Projekt, so Reutlinger, «in einem langen Prozess. Es gab kein gemeinsames Vokabular, weshalb wir erst verstehen lernen mussten, welche Traditionen hinter den Begriffen der fremden Disziplin stehen.» Sein Forschungspartner sagt: «Die Raumplanung wird in der Schweiz mehrheitlich als technische Disziplin ausgelegt. In Deutschland hingegen gibt es auch eine Raumplanung, die von der Architektur her kommt oder sozialwissenschaftliche Ansätze einbezieht.» Die Schweizer Raumplanung käme künftig nicht umhin, sozialwissenschaftliche Perspektiven und Methoden einzubeziehen. Ihren eigenen Ansatz nennen die Forschenden in ihrer Studie «Agglomerations-Ethnologie».

Konstruierte Räume

Das Forschungsteam – dazu zählen auch die Architektin Eva Lingg, der Geograf Stefan Obkircher sowie die Geografin Rahel Nüssli – führte 84 Interviews auf den Strassen von Zürich, Uster, Wetzikon und Jona sowie 18 vertiefende Gespräche. Eine 24-jährige Frau sagte beispielsweise: «… für mich ist die S5 extrem schnell, vor allem auf der Strecke Uster–Zürich. Zack, und du bist schon dort.» Anders ein 68-jähriger Rentner aus Rapperswil-Jona: «Früher, als man in Zürich arbeitete, hatte man dort ein Zimmer und fuhr am Wochenende nach Hause.» Eine 17-jährige Ustermerin meinte: «Zürich ist super zum Shoppen, eine geile Stadt mit viel mehr Möglichkeiten.»

Dass räumliche Distanzen kaum mehr ins Gewicht fallen, wird von diesen Bewohnerinnen und Bewohnern besonders hervorgehoben; für die Forschenden fallen diese Äusserungen in die Kategorie Erreichbarkeit. Andere, dieser Region zugeschriebene Eigenschaften gruppierten sie zu fünf weiteren Kategorien: Natur und physische Umwelt, Erlebnisqualitäten, Ausstattung, soziale Netzwerke sowie Identifikationsangebote. Indem sich die Befragten dieser Merkmalstöpfe bedienen, entwerfen sie sich einen eigenen Raum, «konstruieren unterschiedliche Raumgebilde». Dabei beeinflussen laut Studie Wohnort, Wohndauer sowie Alter die Befragten darin, welche Merkmale sie erwähnen.

Die Forschenden interessierten sich nicht allein für den solcherart wahrgenommenen Raum. Vielmehr fragten sie auch danach, wie Bewohnerinnen und Bewohner die genannten Merkmale interpretieren. Eine seit vierzig Jahren in Wetzikon lebende 71-Jährige sagte beispielsweise, dass der Bachtel für sie den «ländlichen, idyllischen Charakter und die Eigenständigkeit der Agglomeration» darstelle. Damit wird der Berg zum Wahrzeichen, ist nicht nur markante Erhebung am südlichen Ende des Zürcher Oberlands, sondern wirkt abgrenzend und stiftet Identität. Auf diese Weise konstruieren die Befragten, wie es die Studie formuliert, «die Kontur ihrer Agglomeration».

Solche Konstruktionen spiegeln, so die Forschenden, ihre Lebenspraxis wider, den Alltag, der etwa von Fahrten, Einkäufen oder auch Begegnungen bestimmt wird. Deshalb sprechen sie auch vom «alltäglichen Agglomeration-Machen». Man könnte sagen, dass Einheimische sich die Agglomeration in ihrer alltäglichen Praxis aneignen, aufgrund derer sie dann diese beispielsweise als «landschaftlich schön» oder als zunehmend «anonym» charakterisieren und interpretieren. Auf diese Weise modellieren sie ein Gesicht der Region, die Umrisse eines Raums oder eben: dessen Kontur.

Vermeintliche Widersprüche

Erzählen die Bewohnerinnen und Bewohner von ihrer Region, erwähnen sie manche Merkmale, die gemeinhin als städtische Qualitäten gelten, etwa die gute Verkehrsanbindung durch die S-Bahn. Ebenso schreiben sie dem Gebiet aber auch Merkmale zu, über die ländliche Räume verfügen, etwa der Einkauf beim Bauern im Dorf. Das Forschungsteam erkennt darin ein «durchgehendes Muster» und vermutet, dass die Befragten problemlos urbane Qualitäten mit solchen des Landes verknüpfen können. Gerade diese sprachliche Praxis widerspiegle das Leben in der Agglomeration, ein Leben zwischen Stadt und Land, im «Dazwischen», wie die Studie es treffend formuliert. Es ist eben beides möglich und erwünscht: der Hofladen der Bäuerin und das Einkaufszentrum mit seinen schicken Boutiquen und Shops. Das gesuchte neue Vokabular, das Bewohner und Bewohnerinnen von Schweizer Agglomeration verwenden, um ihren Raum zu beschreiben, wäre dann eines, so Reutlinger, das «städtische» und «ländliche» Ausdrücke mischt, ohne dass deren Benutzer und Benutzerinnen darin einen Gegensatz erkennen.

Dass die Interviewten ihre Agglomeration konstruieren und deren Konturen auf eine Weise skizzieren, die mit ihrem Alltag verwoben ist, das machen Schöffel, Reutlinger & Co. in ihrer Studie deutlich. Doch ist die Frage nach der Kontur der untersuchten Region, der «S5-Stadt», damit beantwortet? Denn wenn die Kontur auf Wahrnehmungen, Interpretationen und unterschiedlich gelebte Alltagspraktiken zurückgeht, dann kann es keinen gemeinsamen Nenner geben, kein allen Einheimischen gemeinsames Bild ihrer Region. Immerhin: Das Forschungsteam führt manche Aussagen auf Alter, Wohnort und Wohndauer der Befragten zurück. Die Verteilung von Merkmalen auf sechs Kategorien lasse sich zudem, so Schöffel, auf andere Agglomerationen übertragen. Auch geht er davon aus, dass Agglomerationsbewohner und -bewohnerinnen Merkmale jeweils auf unverwechselbare Weise kombinieren würden. So haben die Interviewten gehäuft Aussagen zur natürlichen Umwelt ihrer Region gemacht. Was durchaus im Gegensatz zu Befragungen in anderen Agglomerationen stehen könnte.

Ungenügende Raumplanung

Um aber verbindlichere Aussagen zu machen, die beispielsweise die Raumplanung berücksichtigen könnte, bräuchte es wohl repräsentative Untersuchungen. Die Arbeit des Forschungsteams «Konturen» hingegen ist eine Pilotstudie, die beispielhaft aufzeigt, auf welche Weise Bewohner und Bewohnerinnen die Physiognomie ihrer Wohnregion formen. Die Raumplanung täte wohl gut daran, die Studie zu beherzigen. So macht Reutlinger darauf aufmerksam, dass der von Einheimischen konturierte Raum sich nicht mit dem geografischen Raum deckt, wie ihn etwa Planer benutzen. «Der geografische Raum wird dem Leben der Menschen in diesem Raum nicht gerecht», ergänzt Schöffel. Beide Forscher heben hervor, dass das Leben in der Agglomeration vielfältiger ist, als die Raumplanung häufig annimmt. «‹St. Gallen gleich Bratwurst›, so lauten hegemonisierende Zuschreibungen», sagt Reutlinger. «Analysiert man aber, wie Einheimische ihre Agglomeration machen, wie sie sich darin orientieren, dann merkt man, dass sie dies auf sehr unterschiedliche Art tun.» Schöffel ergänzt: Das Einkaufszentrum in Hinwil werde zwar begrüsst, weil es die Versorgung verbessert. Zugleich werde aber dessen Architektur abgelehnt. Möglicherweise verlieren auch die Läden im Zentrum Kundschaft. «Die Planung könnte nun beispielsweise davon ausgehen, dass die Agglomeration sowohl die städtische als auch die ländliche Versorgung braucht.»

Schöffel ist «felsenfest davon überzeugt, dass es eine Menge Ansatzpunkte für die Raumplanung gibt». Der Bund möchte die Lebensqualität von Agglomerationen verbessern. Das Projekt zeige aber, dass die Lebensqualität auch davon abhänge, ob ein SBB-Schalter offen bleibe oder geschlossen werde. Auch dies habe Folgen für den Raum, Folgen, die dem Blick der Raumplanung häufig verborgen bleiben. «Denn ein Bahnhof», sagt Schöffel, «ist als Knotenpunkt nicht nur ein öffentlicher, alltäglich genutzter Ort, sondern kann auch die Siedlung strukturieren oder eben konturieren.»

Dass aber die Frage, wie sich die Ergebnisse des Forschungsprojekts umsetzen liessen, sich nicht einfach beantworten lässt, musste Joachim Schöffel erst einmal aushalten. Der Lohn dafür sei, so Schöffel, die Komplexität der Fragestellung aufgefächert zu haben – dank der transdisziplinären Zusammenarbeit mit dem Sozialwissenschaftler Reutlinger, der Geografin Nüssli, der Architektin Lingg sowie dem Geografen Obkircher.

Auf der Rückfahrt von Rapperswil nach Zürich besteigen sieben junge Tamilen in Rüti die S-Bahn. Es ist Freitagnachmittag. Einer telefoniert, ein anderer entlockt seinem Handy indisch klingenden Pop, der Rest unterhält sich. Im Hauptbahnhof Zürich verlassen sie den Zug. Auch sie mögen Konturen ihrer Agglomeration in ihren Köpfen haben. Ihre Praxis, das Wochenende gemeinsam in Zürich einzuläuten, erzählt jedenfalls davon.

Das Forschungsprojekt «S5-Stadt – Kontur einer alltäglich gelebten Agglomeration» wurde von Joachim Schöffel, Christian Reutlinger, Stefan Obkircher, Eva Lingg und Rahel Nüssli an den folgenden Institutionen der FHO Fachhochschule Ostschweiz durchgeführt: HSR Hochschule für Technik Rapperswil, IRAP Institut für Raumentwicklung und FHS St.Gallen, Hochschule für Angewandte Wissenschaften, Kompetenzzentrum Soziale Räume.
Der Forschungsbericht findet sich im E-Book auf www.s5-stadt.ch.

Immer weiter wachsen?
Baupolitik zwischen Nachhaltigkeit und Eigeninteressen

Tanja Wirz

Wer mit der S5 fährt, könnte den Eindruck erhalten, durch eine einzige grosse Stadt zu fahren. Und läge das Gebiet nicht in der föderalistischen Schweiz, wäre es vielleicht tatsächlich so, dass die Stadt Zürich sich bis nach Rapperswil ausdehnen würde. Auf der Ebene der Politik ist es jedoch keine Stadt, sondern ein uneinheitliches Gebilde ohne zentrale Steuerung: 27 autonome Gemeinden sind es, noch dazu in drei verschiedenen Kantonen gelegen. Wer in diesem Gebiet die Entwicklung des Städtebaus beeinflussen möchte, ist also mit einem verwirrenden Mosaik von Institutionen konfrontiert, die manchmal zusammenarbeiten, oft aber auch ihre jeweils eigenen Interessen verfolgen.

Wie sehen sie denn nun konkret aus, die institutionellen und politischen Rahmenbedingungen, innerhalb derer die Siedlungsentwicklung im Gebiet am Fusse des Bachtels – von Zürich Stadelhofen bis Pfäffikon im Kanton Schwyz – stattfindet? Und wie könnte politisch darauf hingesteuert werden, dass nachhaltiger mit dem vorhandenen Land umgegangen wird? Diesen Fragen sind Daniel Kübler, Professor für Demokratieforschung an der Universität Zürich, und seine Assistentin, die Politologin Larissa Plüss, nachgegangen. Sie haben dazu die Daten von Volkszählungen und von bereits erfolgten Befragungen nach verschiedenen Wahlen ausgewertet und darüber hinaus in den vier Gemeinden Bubikon, Dübendorf, Uster und Wetzikon Interviews mit Gemeindevertretern geführt.

Die Gemeinden wollen wachsen

Wer zahlt, befiehlt: Das gilt bis zu einem hohen Grad auch für das Bauen. Den grössten Einfluss darauf, was und wie überhaupt gebaut wird, haben die Bauherren und Grundeigentümer. Das können auch staatliche Institutionen sein, deren Entscheide demokratisch legitimiert sein sollten. Doch meist sind es Private: Einzelne, die für den Eigenbedarf bauen, Investoren, welche Wohnraum entwickeln und vermieten oder verkaufen, Firmen, die Büro- und Ladengebäude erstellen. Und diese wollen natürlich primär ihre eigenen Interessen optimal umsetzen. Eingeschränkt in ihren Wünschen werden sie von gesetzlichen Vorgaben, und dabei sind die Gemeinden federführend. Zwar müssen die Zonenpläne, in welchen festgehalten wird, wo und wie gebaut werden darf, vom Kanton bewilligt werden und dürfen dem kantonalen Richtplan nicht widersprechen, doch die Entscheidungsbefugnisse der Gemeinden in Sachen Siedlungsplanung sind in der Schweiz gross. Larissa Plüss erläutert: «Der Zonenplan ist ein ganz wichtiges Steuerungsinstrument.» Dazu kommen die kommunalen Bauordnungen und allenfalls weitere Leitbilder, Gestaltungspläne und Ähnliches.

Eigentlich wären es also die Gemeinden, welche die Zersiedelung am effektivsten stoppen könnten, etwa indem ausserhalb der Siedlungen weniger Bauland eingezont und stattdessen innerhalb mehr verdichtet würde. Sowohl der Bund wie auch die Kantone sähen dies gerne, doch wie steht es bei den Gemeinden? Wie sich in den Interviews zeigte, stossen die derzeit gängigen Schlagworte «verdichtetes Bauen» und «Nachhaltigkeit» bei den Gemeindevertretern auf grosse Zustimmung. Daniel Kübler formuliert es so: «Lippenbekenntnisse bekommt man noch und noch zu hören.» Doch leider folgt dem Bewusstsein nicht das entsprechende Verhalten. Ohne Wachstum, so die generelle Stimmung, gehe es eben einfach nicht – zumal nicht in der eigenen Gemeinde. Ausserdem gefällt manchen das verdichtete Bauen nicht. Ein Gemeinderat meinte: «Innere Verdichtung ist nicht per se gut, sondern hat auch negative, hässliche Seiten. Uns ist es jetzt schon zu dicht.» Bereits kleine Massnahmen zur Verdichtung, so Larissa Plüss, sind nicht unumstritten: Als in Bubikon der Ausbau bestehender Dachstöcke erlaubt wurde, hiess es, die neuen Dachfenster würden dem Ortsbild schaden.

Viele wollen lieber den ländlichen Charakter ihrer Gemeinde unterstreichen. Denn ein ländliches Image, so die Befragten, sei ein Standortvorteil: Wohnungen im Grünen lassen sich nach wie vor teurer verkaufen. Daniel Kübler erklärt: «Die Gemeinden versuchen, ihren Nutzen zu maximieren. Und derzeit nützt es ihnen am meisten, in die Fläche zu wachsen. Die Politik in den Gemeinden ist stark von der Verfolgung von Eigeninteressen geprägt.» Und so verbauen also die meisten recht unbekümmert weiter ihre noch übrig gebliebenen grünen Wiesen. Auch jene Gemeinden, die sich wie Uster aktiver darum kümmern, im Zentrum verdichtet zu bauen. Larissa Plüss sagt: «Uster baut zwar schon in die Höhe, aber auch in die Breite. Das schliesst sich nicht aus.» «Wenigstens kümmern sie sich dort um mehr Verdichtung und um die architektonische Qualität!», meint Daniel Kübler.

«Die Linken machen besseren Städtebau»

Denn das ist nicht in allen untersuchten Gemeinden gleich: Je ländlicher die Gemeinde, desto mehr setzt sie auf die Hoffnung, das freie Walten des Marktes führe dazu, dass das, was gebaut wird, auch den Bedürfnissen der Menschen entspricht. Nur jene Gemeinden, die sich selber als Stadt sehen, wie eben Uster oder Dübendorf, betreiben eine systematische Siedlungsplanung und versuchen, aktiv einen urbanen Städtebau zu fördern. Um die Bauherren dafür zu gewinnen, investiert der Ustermer Stadtplaner dann auch mal Geld der Stadt in private Bauprojekte, wenn als Gegenleistung ein Architekturwettbewerb durchgeführt wird.

Eine planerisch so engagierte Behörde, stellen Plüss und Kübler fest, gibt es typischerweise in jenen Gemeinden, deren Bevölkerung politisch nach links tendiert. Daniel Kübler meint: «Die Linken machen besseren Städtebau. Es stört sie weniger, wenn der Staat in die Planung eingreift. Die bürgerliche Vorliebe für Laisser-faire hingegen führt zu Zersiedelung. Dort fehlt die Einsicht, dass es sinnvoll ist, das Siedlungswachstum staatlich zu stoppen.» Doch der Zusammenhang zwischen dem Bauen und der politischen Orientierung geht noch weiter. Plüss und Kübler konnten mit ihrer Untersuchung bestätigen, was bereits aus anderen soziologischen Studien bekannt war: Die Art und Weise, wie sich eine Gemeinde städtebaulich entwickelt, hat Einfluss auf die politische Haltung der Bevölkerung. Je städtischer ein Ort, desto linker die Bevölkerung.

Ziehen also besonders viele Linke in urbane Strukturen? Die Forschenden verneinen. Es seien die sich verändernden Eigentumsmuster, welche die Menschen beeinflussen. Wer Wohneigentum kauft, wählt von da an konservativer, denn schliesslich sind es die bürgerlichen Parteien, welche eher die Interessen der Wohneigentümer vertreten. Dementsprechend werden dann auch die politischen Ämter und Behörden bestückt, und diese sorgen wiederum dafür, dass mehr Wohneigentum gebaut wird und weniger urbane Miet-Lofts oder gar Genossenschaftswohnungen in verdichteten Siedlungen entstehen. Plüss und Kübler schreiben: «Das alte Argument vom Wohneigentum als Bollwerk gegen den Sozialismus hat – auch in diesem Agglomerationsraum – nichts von seiner Gültigkeit verloren.»

Im Hinblick auf einen nachhaltigen Umgang mit den noch vorhandenen Landschaftsresten sind diese Mechanismen fatal. Viele

Menschen, die in die Agglomeration ziehen, tun dies zwar genau deshalb, weil sie die unverbaute Natur an den Siedlungsrändern schätzen. Dadurch verschwinden einerseits genau diese Ränder zunehmend, andererseits führt der Umzug in Wohneigentum auf dem Land mehrheitlich zu einer politischen Haltung, welche schliesslich – obschon vielleicht ungewollt – das Verschwinden der Landschaft noch mehr begünstigt: ein Teufelskreis.

Schwierige regionale Zusammenarbeit

Ausserdem, dies ein anderes Ergebnis der Untersuchung von Plüss und Kübler, nehmen die politischen Differenzen zwischen den Gemeinden der Region zu. Alle sind in den letzten 30 Jahren stark gewachsen, die einen, wie etwa Uster, eher städtisch in die Höhe, die anderen, wie Bubikon, eher in die Breite. Und je nachdem, ob das Wachstum eher in die Fläche ging oder ob es auch durch Verdichtung geschah, entwickelten sich die politischen Vorlieben der Bevölkerung. Den sich so polarisierenden Gemeinden fällt dadurch die Zusammenarbeit immer schwerer, befürchten Plüss und Kübler.

Dazu wären sie aber eigentlich verpflichtet: Der Kanton Zürich fordert von den Gemeinden, ihre Siedlungsplanung in regionalen Zweckverbänden aufeinander abzustimmen. Bubikon, Uster und Wetzikon tun dies in der Planungsgruppe Zürcher Oberland (PZO), Dübendorf gehört zur Planungsgruppe Glatttal (ZPG). Diese Gremien erarbeiten Vorschläge zur Siedlungsentwicklung, die für die Mitgliedergemeinden jedoch unverbindlich sind. Daniel Kübler erläutert: «Die Gemeinden wollen das auch gar nicht anders. Es gab einige Anläufe, das Gremium zu stärken, sodass es möglich gewesen wäre, per Mehrheit über regionale Entwicklungspläne zu entscheiden. Aber die Gemeinden haben sich von Anfang an gegen jede Form von Machtabgabe gesträubt.»

Plüss und Kübler befragten einige Mitglieder dieser Regionalplanungsgruppen. Die ZPG wird mit ihren Empfehlungen noch eher beachtet; vielleicht, weil es sich beim Glatttal um ein homogeneres Siedlungsgebiet handelt, wo die einzelnen Gemeinden ähnlichere Interessen haben. Die Oberländer Planungsgruppe hingegen hatte bisher kaum Einfluss auf die tatsächliche Bautätigkeit in den Gemeinden. Daniel Kübler erzählt: «Als Erfolg vermeldete die PZO, dass sie es geschafft hat, eine gemeinsame Saisonkarte für die Badeanstalten am Pfäffikersee einzuführen.» Das ist in der Tat kein besonders beeindruckender Leistungsausweis. Derzeit läuft wieder ein Versuch, das Gremium zu stärken. Auf das Jahr 2010 wurde die PZO in den «Mehrzweckverband Region Zürcher Oberland» umgewandelt, in dessen Vorstand nun auch die Gemeindepräsidentinnen und -präsidenten vertreten sind. Über weitere Mittel, seinen Vorschlägen Nachdruck zu verschaffen, verfügt aber auch dieser neue Verband nicht. Möglicherweise sind die Regionalplanungsgruppen blosse Alibiübungen. Plüss und Kübler formulieren es höflicher: «Die regionale Zusammenarbeit in Planungsverbänden», so schreiben sie, «scheint keinen entscheidenden Einfluss auf die räumliche Entwicklung in den Agglomerationsgemeinden zu haben.»

Interventionen von oben

Es scheint den Gemeinden also schwerzufallen, das allgemeine Interesse an einer nachhaltigen Entwicklung über die Einzelinteressen zu stellen. Larissa Plüss sagt: «Die Gemeinden schaffen es nicht, die Zersiedelung zu stoppen. Es gibt keine Anreize zur Selbstregulierung. Deshalb braucht es starke Eingriffe von weiter oben, vom Kanton.» Dieser, davon sind Plüss und Kübler überzeugt, könne die nachhaltige Siedlungsentwicklung noch am besten befördern. Als Massnahmen schlagen sie vor: eine restriktivere Bewilligungspraxis, die Festlegung von Zonen für publikumsintensive Nutzungen, finanzielle Anreize für Gemeindefusionen, die Einführung handelbarer Flächenzertifikate und Ausgleichszahlungen für Nicht-Wachstum.

Es ist allerdings nicht immer einfach, mit solchen Eingriffen auch die erwünschte Wirkung zu erzielen. Larissa Plüss erzählt: «Der neue kantonale Richtplan verlangt, dass das sogenannte Bauentwicklungsgebiet, also die heutigen Baulandreserven, zugeteilt wird. Es soll entweder zu Bauland oder zur Freihaltezone erklärt werden, nach bestimmten Kriterien. Eines davon ist die gute Erreichbarkeit mit dem öffentlichen Verkehr.» Und was machen die Gemeinden? Larissa Plüss: «Sie bauen eine Buslinie auf die grüne Wiese und sagen dem Kanton: Jetzt haben wir das schon erschlossen, jetzt könnt ihr uns das doch nicht wieder wegnehmen!» So geschehen beispielsweise in Uster und Wetzikon.

Was wären denn produktivere Eingriffe? Wie Plüss und Kübler mit ihrer Untersuchung gezeigt haben, stehen die Chancen schlecht, auf politischem Weg in den Gemeinden eine Mehrheit dafür zu finden, das Bauen auf der grünen Wiese grundsätzlich zu verbieten, schlicht weil sehr viele das selber tun möchten. Die beiden Forschenden schlagen deshalb vor, genau umgekehrt vorzugehen und statt für ein Verbot zu werben, etwas Positives zu planen: die Einrichtung von sogenannten AgglOasen, strikt geschützten Grünräumen zwischen den Siedlungen. Daniel Kübler erläutert: «In den Köpfen der Menschen muss sich ein Massstabwechsel vollziehen. Bezüglich dessen, was Agglomerationen eigentlich sind. Sie sind eine Stadt, wie London oder Paris oder New York. Und so eine Stadt braucht einen Park.» Der Greifensee und sein Ufer etwa, so finden Plüss und Kübler, sollten viel rigoroser vor Ausnahmebewilligungen geschützt werden und gewissermassen als Naturschutzpark verstanden werden. Mit diesen «Oasen im Siedlungsbrei» wollen Plüss und Kübler den von ihnen aufgezeigten Teufelskreis aufbrechen. Daniel Kübler dazu: «Man sollte besonders wertvolle Landschaften zu Schutzgebieten erklären, indem man sagt: Bis dahin darf sich die Siedlungswüste ausbreiten, aber nicht weiter. Im Central Park in New York kommt ja auch niemand auf die Idee, ein Haus zu bauen.»

Das Forschungsprojekt «Raumpolitik im Agglo-Mosaik: Politische und institutionelle Rahmenbedingungen in der S5-Stadt» wurde durchgeführt von: Larissa Plüss und Daniel Kübler, Universität Zürich, IPZ Institut für Politikwissenschaft.
Der Forschungsbericht findet sich im E-Book auf www.s5-stadt.ch.

Vom Wert kurzer Wege und der Vielfalt des Wohnens

Eine Fahrt mit der S5
Der öffentliche Verkehr prägt neue Lebensweisen

Ruth Wiederkehr

Emsiges Treiben im Hauptbahnhof Zürich. Auch an diesem schönen Sommernachmittag strömen die Leute in alle Richtungen. Sie sind mobil, wollen wahrscheinlich von A, wo sie arbeiten, nach B, wo sie zum Abendessen eingeladen sind, nach C, wo sie wohnen. Oder haben sie einen ganz anderen Plan? Ferien oder Geschäftsreisen? Jedenfalls geht es die Rolltreppe hinunter, hinein in den Zug, die Türen schliessen geräuschvoll. Die S5 verlässt den Untergrund, bald sind wir in Uster. Ich bin unterwegs mit Nicola Hilti. Mit ihr will ich über die Mobilität der Bewohner und Bewohnerinnen im suburbanen Raum Zürichs sprechen. Sie ist Soziologin und Forscherin am ETH Wohnforum – ETH CASE und hat sich zusammen mit der Kulturwissenschaftlerin Stephanie Weiss eingehend mit dem alltäglichen Fortkommen der Menschen in der Region am Fusse des Bachtels befasst. Ihr Forschungsbericht vermittelt einen facettenreichen Einblick in Biografien von Leuten der Region. Und sie selber ist das, was man eine hoch mobile Person nennt. Die Liechtensteinerin hat in Wien studiert, in Chemnitz gearbeitet und forscht nun in Zürich. Die Mutter zweier kleiner Kinder wohnt in der Altstadt Feldkirchs. Ein geografischer Kompromiss: Ihr Partner arbeitet in Innsbruck. Eineinhalb Stunden Arbeitsweg für sie, zwei für ihn.

Nach 14 Minuten kommen wir an. Uster ist ein Paradebeispiel für das Wachstum des suburbanen Gebiets um Zürich. Wir spazieren durch den Stadtpark – aufgeräumt und frisch ist er. Die Siedlung «Im Lot» liegt hinter dem ruhigen Wasser und den Bäumen. Die Balkone sind farbig, Tibetfahnen, Terracotta- und farbige Plastiktöpfe. Kinder spielen, Mütter spazieren. Ein Kontrast zur Bahnhofshalle, in der wir noch vor einer halben Stunde waren.

Stadtpark Uster: unzählige Mobilitätstypen

Rund um den Globus bewegen sich Menschen: Sie gehen zur Arbeit, fahren zu Besuch, fliegen in die Ferien oder verlassen ihr Land für immer, vielleicht wegen eines Kriegs, ziehen um aus politischen, sozialen oder ökonomischen Gründen. Soziologen sprechen davon, wie der Mensch durch seine Bewegung Räume erschafft, und definieren die Mobilität als Schlüsselthema der Gegenwart. Der Wohnort deckt sich heute nur mehr selten mit dem Arbeitsort und den Orten der sozialen Netze. Es entstehen neue Mobilitätsbedürfnisse und Mobilitätserfordernisse.

Auch wenn die Kommunikationsmittel zahlreich sind, so verringert sich die Mobilität der Menschen nicht – im Gegenteil. Wer über Distanzen problemlos sprechen oder mailen kann, will weite Strecken auch physisch überwinden. Rollbrett, Fahrrad, Auto, Zug oder Flugzeug sind nur einige der möglichen Transportmittel. Grund genug, die Mobilität in der Agglomeration Zürich unter die Lupe zu nehmen und zu fragen: Wie bewegen sich die Bewohnerinnen und Bewohner in ihrem Alltag?

Eines vorneweg: Den typischen Mobilen gibt es nicht. Klar kennt man den Pendler, der in Wetzikon wohnt und in Zürich arbeitet. Auch den «global player», der die Nähe zum internationalen Flughafen schätzt. Prototypen der Agglomerations-Mobilen lassen sich keine bilden. Zu gross ist die Heterogenität in der Bevölkerung. Zudem müssen beim Thema unterschiedliche Blickwinkel eingenommen werden. Mobilität wird auch durch die Wohn- und Arbeitsmarktsituation der nahen Grossstadt erzwungen – aufgrund der starken Zuwanderung in der Agglomeration Zürich begrüsst die Kantonsschule Wetzikon jede Woche einen neuen Schüler oder eine neue Schülerin.

20 Bewohnerinnen und Bewohner der Region unterschiedlichen Alters und Geschlechts haben die beiden Mobilitätsforscherinnen befragt, darunter auch solche, die in ihrem Berufsalltag mit Mobilität konfrontiert sind, wie beispielsweise der ehemalige Rektor der Kantonsschule Wetzikon, Dieter Schindler, oder der Verkehrsplaner Paul Stopper aus Uster. Ziel der Befragung war es, das Erleben und Gestalten der Alltagsmobilität zu analysieren und darin Mobilitätsmuster zu erkennen. Ein typisches Phänomen der Gegenwart hat sich klar herauskristallisiert: Je mehr sich die Lebensweisen ausdifferenzieren, desto mannigfacher die Wege, zum Ziel zu gelangen. Individuelle Strategien sind für die persönliche Alltagsmobilität entscheidend. Wer pendelt, der kombiniert verschiedene Verkehrsmittel, jeder auf seine Art und Weise. Im Auto zum nächsten Bahnhof, mit dem Zug nach Stadelhofen und von dort auf

dem Fahrrad dem See entlang zum Arbeitsort in Zürich Enge. Auch Platznot auf Strassen und Schienen erfordert eigenständige Massnahmen: Ist die S-Bahn um 6.30 Uhr überfüllt, macht man sich schon eine halbe Stunde früher auf den Weg.

Am Bahnhof: Irgendein Zug kommt immer

Taktfahrpläne erlauben Flexibilität. Wer in Uster zum Bahnhof geht, braucht nie lange auf einen Zug zu warten. «Irgendeine S-Bahn ist immer dort», denken sich die Nutzer und Nutzerinnen des öffentlichen Verkehrs. *So machen es auch wir auf unserer Reise durch das Forschungsgebiet. Die S5 fährt ein. Sie wird uns in fünf Minuten von Uster nach Wetzikon bringen.* Distanzen lassen sich mit guten Verbindungen problemlos überwinden. In Uster erzählt man stolz, dass man von hier in den Hauptbahnhof oft weniger lang im Zug sitze als Pendlerinnen, die vom zürcherischen Witikon ins Stadtzentrum fahren. Orte definieren sich nicht mehr durch die geografische, sondern durch die dazwischen liegende zeitliche Distanz. Knapp Dreissigjährige beneiden die heutigen Jugendlichen, die sich abends in der S-Bahn treffen und dann erst besprechen, wohin sie heute in den Ausgang fahren wollen. Sie hatten die Freiheit der heutigen Jugendlichen noch nicht. Denn diese wissen, dass die S-Bahn sie auch nachts wieder nach Hause bringt, und sorgen sich nicht um ihre Heimkehr. Die Zeiten des Autostoppens und der Einschränkung durch den Töffli-Radius sind vorbei. Räume dehnen sich aus, Gemeindegrenzen werden in der Alltagsmobilität der Menschen weniger wichtig.

Von Wetzikon nach Pfäffikon ZH: Die Fahrt ist vielfältig nutzbar

In Wetzikon wechseln wir auf die S3 nach Pfäffikon ZH. Während vorher nur vereinzelt Passagiere mit uns im Obergeschoss der S-Bahn fuhren, steigt jetzt eine ganze Anzahl Schüler und Schülerinnen zu. Sie hören auf ihren iPods Musik, lesen die Abendzeitung und besprechen eine Prüfung. Pendeln wird nicht als Zeitverlust wahrgenommen. Getränke, Akten, Laptop, Handy, Sudoku oder «Lismete» dabeizuhaben, ist für Zugfahrende selbstverständlich. Sie verschieben ihr eigenes Wohnzimmer in das Wagenabteil und setzen die häuslichen Tätigkeiten dort fort. Morgenkaffee und Gratiszeitung: Routine stiftet Identität und Geborgenheit. Klaut ein «Laienfahrer» den angestammten Sitzplatz, werden Gewohnheiten durchbrochen.

Wer einplant, im Zug zwischen Rüti und Zürich Hauptbahnhof seine E-Mails zu bearbeiten oder Geschäftsunterlagen zu studieren, und auf knappe Platzverhältnisse oder eine gesprächsfreudige Wandergruppe trifft, wird in seinem Vorhaben gebremst und ärgert sich. In Zugwaggons entstehen Spannungsfelder. Die S-Bahn ist nicht zuletzt auch eine soziale Schnittstelle. So fahren Jugendliche samstags um 22 Uhr zur Party, während sich ältere Agglomerationsbewohnerinnen müde auf dem Heimweg befinden. Im besten Falle wundert man sich übereinander und lernt eine neue Lebensweise kennen.

Spaziergang in Hittnau: idyllische Flecken mit urbaner Würze

Wer sich als Radialpendler entlang der Bahnlinie auf das Zentrum zu bewegt, ist gut bedient mit den Verbindungen. Mehr Geschick wird von der Tangentialpendlerin verlangt, die quer zur Bahn an den Zentren vorbei mobil ist und zusätzlich auf den Bus oder das Auto umsteigt. *Auch wir nehmen den Bus und lassen uns ab Pfäffikon ZH in wenigen Kurven auf 900 Meter über Meeresspiegel chauffieren. Die Fahrt führt durch blühende Wiesen. Die Sicht auf den Pfäffikersee und die besiedelten Flecken Land ist idyllisch. Etwas mehr als eine halbe Stunde nach Abmarsch im Ustermer Stadtpark erreichen wir Hittnau. Das Dorf zählt rund 3400 Einwohner. Entlang dem Dorfbach, der Luppmen, stehen grosse Gebäude aus den Anfängen der Industrialisierung in der Schweiz. Die Spinnereien wurden zu Wohnhäusern umgebaut, ein Kiesweg verbindet die Gebäude. Der Bach plätschert, um den Kompost kreisen Fliegen. Hier am Waldrand, weit weg von Zug und Autobahn, pflegt man neben Bauern- und Einfamilienhäusern einen urbanen, loftartigen Wohnstil.*

Gegensätze und vermeintliche Widersprüche gibt es immer wieder in den Porträts der beiden Mobilitätsforscherinnen Hilti und Weiss: Man mag das Grün in der unmittelbaren Umgebung, will aber die Stadt möglichst nahe wissen. Die ökologische Einstellung verlangt Kritik gegenüber dem Auto, doch hat man eines, um die Familie zu managen und zu bewegen. Es sind einerseits Idealvorstellungen vom Aufwachsen auf dem Land, dem schönen Einfamilienhaus, andererseits ökonomische Zwänge oder Wohnungsnot in der Stadt, die bezüglich Wohnort Kompromisse verlangen und solche Diskrepanzen verursachen. Doch wenn sich Orte durch gute Strassen- oder Bahnverbindungen zeitlich näherrücken, sind kombinierte Lebensentwürfe möglich. Man wohnt in der einen Gemeinde, engagiert sich aber in der anderen im Theaterverein. Wer sich an mehreren Orten zu Hause fühlt, wirkt auch multilokal.

Pessimisten sehen in solchen, durch geografische Distanzen geprägten Lebensweisen den Tod des Dorfgeistes und wähnen sich in einer Schlafstadt. Hilti argumentiert gegen diese Befürchtungen, durch die Ausdifferenzierung der Mobilität entstünden neue Formen der Gemeinschaft, neue Wege des Engagements ausserhalb der traditionellen Strukturen. Denn die Soziologin ist in ihren Interviews zum Beispiel auch auf die folgende Haltung getroffen: Wir sind kürzlich nach Bubikon gezogen und engagieren uns im Dorf, denn nun sind wir Bubiker. «Für den mobilen Menschen ist es besonders wichtig, sich zu verorten und einen sicheren Anker zu haben», beobachtet die Forscherin.

Zurück in den HB: Fazit

In einer Stunde will Nicola Hilti den Schnellzug nach Buchs erwischen, um bei ihren Eltern die beiden Kinder abzuholen. Also klopfen wir nach einem kleinen Waldspaziergang die Erde von unseren Schuhen und nehmen den Bus bergabwärts nach Pfäffikon. Dort steigen wir auf die S3 um, die uns via Illnau und Dietlikon in einer halben Stunde an den Hauptbahnhof bringt. Während wir uns einen Platz auf den vertrauten fein rot gestreiften dunkelblauen Sitzen suchen, versuchen wir die Mobilität der Agglomeration zu fassen: Sie ist etwas Individuelles. Man will Stadt und Land in ein Leben verpacken und entwirft sich dazu eine mobile Lebensweise, um das Sowohl-als-auch-Lebensideal zu realisieren. Man lebt deshalb in einem Raum, den man sich eigenständig gestaltet – per Zug, Bus, Velo, zu Fuss oder mit dem Auto. Fahrten werden dabei nicht als tote Zeit angesehen, sondern aktiv genutzt.

Und Nicola Hiltis Haupterkenntnis? «Es handelt sich bei dieser vermeintlichen Stadt nicht um eine Einheit.» Den Begriff der S5-Stadt findet sie hilfreich für die Forschung, doch relativiert sie ihn. Die befragten Personen sähen darin keine Identifikationsbasis. Zürich sei der dominante Bezugspunkt, doch auch Winterthur oder Rapperswil würden für kulturelle Aktivitäten sehr geschätzt. Das S-Bahn-Netz bringt einerseits Stadt und Arbeitsplatz näher und macht es gleichzeitig unabhängig – mobil eben. Wer abseits von der Bahnlinie wohnt, ist jedoch in aller Regel auf ein Auto angewiesen. Privatfahrzeuge sind in der Region nach wie vor das dominante Verkehrsmittel.

Bleibt die Frage nach dem Nutzen der Forschungserkenntnisse. «Die vorliegenden Resultate sollen planende Disziplinen zum Weiterdenken anregen», sagt Hilti. Damit ihr Bericht die Vielschichtigkeit der aktuellen Zustände zeigt, hat sie bewohnerzentriert geforscht. Einfacher wäre es gewesen, sich von einem soziologischen Modell – einer Art wissenschaftlichen Brille, die gewisse Teile ausblendet – leiten zu lassen. Doch gerade weil sie das nicht getan hat, sind die Resultate wohl so lebensnah. Sie widerspiegeln das Bild einer Gesellschaft im Wandel. *Die Landschaft um uns wird urbaner, die Häuser grösser. Wir fahren ein in den Untergrund, steigen aus und verlieren uns in der Menschenmenge. Es ist Feierabendzeit und somit Rushhour im Zugverkehr. Alle sind unterwegs.*

Das Forschungsprojekt «Bewegter Alltag – Mobilität in der S5-Stadt» wurde durchgeführt von: Nicola Hilti, Johanna Rolshoven, Stephanie Weiss und Joris Van Wezemael, ETH Zürich, Departement Architektur, ETH Wohnforum – ETH CASE.
Der Forschungsbericht findet sich im E-Book auf www.s5-stadt.ch.

Wohnen in der Dorfkulisse

Die Sehnsucht nach Heimat in der Agglomeration

Tanja Wirz

Die Agglomeration gilt als Reich der Einfamilienhäuser: Jeder lebt auf seinem eigenen Fleck Land, und am Feierabend und Wochenende trifft man sich auf dem Dorfplatz, in der Beiz, im Verein oder an der Gemeindeversammlung. Dieses – je nach Weltanschauung – idyllische oder eher spiessige Bild vom Leben «draussen auf dem Land» sitzt fest in den Köpfen der Menschen. Wie wenig es mit dem tatsächlichen Wohnen in der Agglomeration zu tun hat, zeigt das Projekt «Selbstbild und Wohnideale der S5-Stadt».

Sabine Friedrich, selbständige Stadtplanerin, und Gabriela Muri, Architektin und Kulturwissenschaftlerin an der Universität Zürich, haben «Wohnwelten» untersucht. Sie wollten wissen, wie Menschen ihre Wohnung auswählen und was ihnen daran wichtig ist. Ausserdem machten sie sich Gedanken, wie die bestehenden Typen von Wohnbauten das soziale Zusammenleben in den Gemeinden beeinflussen und wie eine zukünftige Entwicklung aussehen könnte. Dazu befragten sie je drei bis vier Bewohnerinnen und Bewohner von Wetzikon, Volketswil und Freienbach, sprachen mit den dortigen Stadtplanern und mit zwei Entwicklern von Wohnüberbauungen. Ausserdem werteten sie statistische Daten zu den Gebäudestrukturen und den sozialen Gegebenheiten vor Ort aus.

«Aufgeblasene Dörfer»

«*Die* typische Agglomerationsgemeinde gibt es nicht», erklären Gabriela Muri und Sabine Friedrich. Das Erscheinungsbild der drei ausgewählten Orte ähnelt sich zwar: ein Nebeneinander von älteren Dorfstrukturen und modernen Gebäuden. Vom Bauernhaus über die Loftwohnung, die ländliche Villa, den Mehrfamilienblock bis zum Hochhaus gibt es da alles. In ihrem Selbstbild jedoch variieren die drei Gemeinden beträchtlich. Ausgerechnet Volketswil, das mit grossen Hochhaussiedlungen und Einkaufszentrum schon früh starke Gegenpole zu den ländlichen Strukturen geschaffen hat, wirbt auf seiner Homepage paradoxerweise mit Giebeldächern, Bauernhäusern und Obstbäumen: Hier ist die Welt noch in Ordnung, hier steht der Kirchturm noch im Dorf, scheint der Gemeinderat einem entgegenrufen zu wollen. Volketswil, Freienbach und Wetzikon haben alle über 10000 Einwohner. Es handelt sich also, zahlenmässig gesehen, um drei Städte. Doch auch Freienbach schreibt im Gemeindeporträt, es sei ein «aus fünf Dörfern zusammengewachsener Ort».

Friedrich und Muri bezeichnen solche Orte als «aufgeblasene Dörfer». Es sei typisch für viele Agglomerationsgemeinden, sich trotz zunehmend urbanen Merkmalen als «Dorf» zu präsentieren. Nur Wetzikon bezeichnet sich als Stadt und soll sich, zumindest wenn es nach dem dortigen Stadtplaner geht, auch so weiterentwickeln: verdichtet und mit urbanen Zentrumsstrukturen. Dabei geht es allerdings nicht nur um Ästhetik: Wetzikon möchte davon wegkommen, bei den Wohnungssuchenden als die «günstige Alternative» zu gelten, wenn es sonst überall zu teuer ist. Denn in Wetzikon leben, verglichen mit dem restlichen Kanton Zürich, überdurchschnittlich viele schlecht ausgebildete Menschen. Nun möchte man mit urban gestyltem Wohnraum Gutverdienende anlocken. Uster ist diese Art von Sozialpolitik via Städtebau bereits ein Stück weit gelungen. Friedrich und Muri schreiben, dort habe eine konsequente Stadtentwicklungspolitik «qualitativ hochwertige Wohnwelten» entstehen lassen, in die viele Menschen aus den gesellschaftlichen Leitmilieus gezogen seien.

Freienbach und Volketswil tun sich schwerer mit städtebaulichen Strategien. Doch auch da beeinflussen die gebauten Strukturen das Zusammenleben: Volketswil wird durch die Autobahn zerschnitten, und die zwei Teile sind sozial stark polarisiert, wie Sabine Friedrich erklärt: An den attraktiven Südhängen wohnen die Wohlhabenden, in den Hochhausquartieren diejenigen mit geringem Einkommen, darunter viele Ausländer. Dass eine solche Anordnung die Integration behindert, liegt auf der Hand. Volketswil machte deshalb den Versuch, mit einem neuen Park den Zusammenhalt zu stärken. Leider kam es dort zu Vandalenakten, und es mussten Überwachungskameras eingesetzt werden. «Das ist symptomatisch», sagt Gabriela Muri. «Ich glaube nicht, dass ein Park, eine Landschaft, das richtige Mittel ist. Es wäre besser, bei den Siedlungsräumen anzufangen und dort mit gestalterischen Massnahmen, aber auch mit sozialen Aktivitäten das Zusammenleben zu fördern.»

Das reiche Freienbach leidet unter anderen Problemen: Wegen der hohen Wohnkosten wird es für den Mittelstand und insbesondere für Familien immer schwieriger, dort bezahlbaren Wohnraum zu finden. Die Bevölkerung besteht zunehmend aus Gutverdienenden aus aller Welt, und diese haben wenig Interesse, sich in Gemeindeämtern zu engagieren. Die alteingesessenen Freienbacher, erzählt Gabriela Muri, meinten dazu: «An dieser Entwicklung sind wir auch selber schuld. Wir wollten halt verdienen.»

Der Traum vom kleinen Haus am Waldrand

Was aber halten die Bewohnerinnen und Bewohner der drei Gemeinden von ihrer eigenen Wohnsituation? In den Interviews zeigten sich die meisten der Befragten sehr zufrieden. Wichtig ist ihnen vor allem, dass ihre Wohnung bezahlbar und nicht zu weit vom Arbeitsort entfernt ist. Ein Verwaltungsangestellter mit Familie, der in einer Blockwohnung lebt, meinte dazu: «Geografisch ist Wetzikon extrem genial gelegen. Man ist in kürzester Zeit am See, im Wald, in den Bergen. Man sieht die Berge. Diese Weite, das entspricht mir. Man kann Fahrrad fahren, hat gute Freizeitmöglichkeiten. Ich wüsste keine bessere Wohnlage.» Im Vergleich zur Optimierung der zurückzulegenden Wege scheint es eine geringe Rolle zu spielen, in welcher Gemeinde die Wohnung liegt.

Zeit für eine systematische Suche nach der idealen Wohnung hat ohnehin kaum jemand. Man verlässt sich auf Empfehlungen von Bekannten, Verwandten oder auf den Zufall. Dieser grosse Pragmatismus erstaunte die beiden Forscherinnen ziemlich. Gabriela Muri meint gar: «Diese Aussichtslosigkeit, die eigene Wohnwelt selber auszusuchen, ist ein bisschen traurig. Ich wünschte, dass die Leute mehr Entscheidungsmöglichkeiten hätten. Dazu bräuchten sie mehr Wissen über das Wohnen, mehr Entscheidungskompetenz.» Sabine Friedrich doppelt nach: «Es ist frustrierend, wie schnell sich die Menschen mit den oft mittelmässigen Angeboten zufrieden geben und wie wenig sie bessere Qualität einfordern. Aber das ist natürlich auch Selbstschutz: Man identifiziert sich mit dem, was man sich überhaupt leisten kann.»

Trotz der geringen Identifikation mit der Gemeinde ist auch bei den Befragten das Dorfidyll als Ideal weitverbreitet. Allerdings weniger als soziale Realität denn als gefällige Kulisse. Gabriela Muri erläutert: «Das ‹Dorf› ist bloss eine Chiffre für ein Leben, das sie sich wünschen. ‹Dorf› bedeutet einfach der Blick ins Grüne und nicht etwa ein wirklich dörflicher Lebensstil mit einem engen sozialen Zusammenhalt. Den wollen die Menschen gar nicht.» Das tatsächliche Leben der Befragten ist nämlich ganz urban: Sie pendeln zur Arbeit, gehen ins Shoppingcenter einkaufen, geniessen ihre Unabhängigkeit. Zu Hause, so das Ideal vieler Befragten, darf es aber gerne etwas traditioneller sein. Ein Einfamilienhaus, das wünschen sich viele. Eine Volketswilerin meinte dazu: «Der Wunsch wäre natürlich, dass man ein Häuschen hätte.» Und eine Familienmutter aus Wetzikon erzählte: «Als Kind habe ich gedacht, ich wohne später in einem kleinen Häuschen am Waldrand, mit einem kleinen Garten.»

Die Vorstellung vom Wohnen auf dem Land mit dem Blick ins Grüne, so Gabriela Muri, führe leider zu einer problematischen Bauweise: «Die wenigsten können sich ein Einfamilienhaus leisten, und dann werden eben diese Wohnblöcke gebaut, zwischen denen man hindurchblicken kann. Der Aussenraum und damit auch der öffentliche Raum, wo ein sozialer Austausch stattfinden könnte, wird dabei vernachlässigt.» Sabine Friedrich fügt an: «Das Problem ist, dass die Nachfrager ganz klar nach innen orientiert sind. Die Menschen sagen: ‹Ich investiere mein Geld in die bestmögliche Ausstattung der Wohnung.› Da wollen sie mitgestalten. Den Aussenraum hingegen nehmen die Leute einfach als gegeben hin.» Ein Wetziker gab denn auch zu Protokoll: «Unser Block ist nicht schön zum Anschauen, aber das ist mir egal. Mir ist wichtiger, was innen ist.» Meist ist das dann die moderne, repräsentative Ausstattung mit Parkett, Glaskeramik, Schwedenofen und – ganz wichtig – grossem Balkon mit Aussicht ins Grüne. «Die Farbe der Wände interessiert die Leute mehr als die Architektur der Häuser!», entsetzt sich die Stadtplanerin Friedrich. Besteht da ein Graben zwischen den Wünschen der Planer und der Bewohner? Ein Wetziker Lehrer meinte im Interview auf die Frage, ob ihn das uneinheitliche Gemisch der Bauten denn nicht störe: «Nein, ich bin ja kein Stadtplaner.»

«Ein Ort sollte ein Herz haben»

Die Befunde von Friedrich und Muri zeichnen ein eher düsteres Bild vom sozialen Leben in der Agglomeration: Die Lebensstile sind individualistisch, man identifiziert sich wenig mit der Wohngemeinde, und auch Nachbarschaftsbeziehungen spielen eine geringe Rolle. Ist diese zunehmende Anonymität ein Problem für die Befragten? Manche diagnostizieren – wenn auch reichlich vage und klischiert – soziale Probleme mit «herumhängenden» Jugendlichen oder schlecht integrierten Ausländern. Und es existiert ein – vermutlich ebenso vager – Wunsch nach Zentren, nach Treffpunkten. Ein Wetziker Umweltingenieur etwa findet: «Ein Ort sollte ein Herz, ein Zentrum haben, das ausstrahlt.» Rapperswil, so meint er, sei ideal, mit seiner historisch gewachsenen städtischen Struktur, seiner Stadtmauer, den engen, verwinkelten Gassen und Fussgängerzonen, das sei ein identitätsstiftendes Stadtzentrum. Eine Altstadt wünscht man sich also, oder einen Dorfplatz. Nichts Gemachtes, sondern etwas Gewachsenes, Orte mit Geschichte, welche Heimatgefühle zu vermitteln vermögen. Eine unmögliche Aufgabe für Stadtplaner und Architekten? Zumindest eine schwierige. Sabine Friedrich sagt: «Alle drei Gemeinden sind daran, ihre Zentren auszubauen, und überlegen, wie sie da wieder Leben hineinbringen. Denn dieses Leben findet inzwischen anderswo statt, in Zürich, in den Einkaufszentren. Es ist schwierig, diesen Prozess wieder umzukehren. Man kann schon gestalterisch irgendwo ein Zentrum hinbasteln und die öffentlichen Räume verschönern. Aber sie zu beleben, das wird die grosse Kunst sein.» Dazu kommt, dass neu gebaute Zentren oft vor allem für Investoren interessant sein sollen und es daher schwerfällt, dort die gewünschten kleinen Cafés, Läden oder soziokulturellen Einrichtungen anzusiedeln.

Neue, urbane Dorfplätze – mehr als Investitionsobjekte

Die Untersuchung von Sabine Friedrich und Gabriela Muri zeigt, dass Städteplanung nicht bloss der Ästhetik oder der Rendite dienen sollte, sondern auch ein wichtiges Instrument für die Sozialplanung ist. «Gute Durchmischung» lautet dabei das Zauberwort. Vielfältiger Wohnraum, so die Hoffnung, soll eine ausgewogene Mischung von guten Steuerzahlern und engagierten Bürgern anlocken. Besonders wichtig aber, das betonen die beiden Forscherinnen, sind gut gestaltete öffentliche Räume, welche das soziale Zusammenleben fördern. Die gebaute Umgebung soll nicht bloss eine repräsentative Kulisse sein, sondern auch als sozialer Raum taugen. Und die Gestaltung dieser gebauten Umwelt sollte nicht nur den Investoren und Behörden überlassen werden. Friedrich und Muri schlagen deshalb vor, «Kommunikationsplattformen» einzurichten, wo sich die Agglomerationsbewohnerinnen und -bewohner an der Diskussion über die Gestaltung des öffentlichen Raums durch Städtebau beteiligen können und wo Visionen entwickelt werden, wie diese neuen, urbanen «Dorfplätze» aussehen könnten, damit sie den Bedürfnissen der Menschen gerecht werden. Sie hoffen, dass auf diese Weise das Bewusstsein für städtebauliche Massnahmen gefördert wird und dass die Menschen in Zukunft funktionierende öffentliche Räume genauso wichtig finden wie ein schönes Parkett in der eigenen Stube.

Das Forschungsprojekt «Selbstbild und Wohnideale der S5-Stadt: Praxis und Repräsentation aktueller Wohnformen in der Agglomeration» wurde durchgeführt von: Sabine Friedrich und Gabriela Muri, Büro KEEAS Raumkonzepte Zürich.
Der Forschungsbericht findet sich im E-Book auf www.s5-stadt.ch.

Wohnbiografien
Drei Filmporträts aus der Agglomeration

Wo und wie Menschen wohnen, ist eng verknüpft mit ihren Lebensläufen. Drei Menschen, die in der Agglomeration leben, haben dem Ethnologen Heinz Nigg Einblick in ihre Räume gewährt und vor der Kamera ihre Wohngeschichten erzählt. Entstanden sind Videos mit authentischem Einblick ins Wohnen und in individuelle Lebensgeschichten. Es geht in den Porträts auch um eine Haltung: das Sich-Verhalten in der Gemeinschaft. Wenn die Gesprächspartner zum Beispiel davon berichten, wie sehr ihre Vorstellungen von einem glücklichen Zuhause in ihrer Kindheit und Jugend geprägt wurden, und wenn sie erzählen, wann, wie und warum sie sich für ein bestimmtes Wohnumfeld entschieden haben, sagen sie etwas darüber aus, was Wohnkultur für sie bedeutet. Sie bringen auch zum Ausdruck, wo sie diese gefährdet sehen und wo sie gesellschaftlichen und politischen Handlungsbedarf ausmachen.

Die Wohnbiografien wurden in Dübendorf, Uster und Wald realisiert und sind je rund zwanzig Minuten lang. Ihre Wohngeschichte erzählt haben zwei Frauen und ein Mann in unterschiedlichen Lebensphasen und mit unterschiedlicher soziokultureller Herkunft. Alle drei sind Eigentümer ihrer Wohnobjekte und verstehen sich als sozial und kulturell engagierte Menschen, die sich um die Zukunft des Wohnens in der Agglomeration von Zürich Gedanken machen.

Judith Magos, geboren 1920, flüchtete 1956 aus Ungarn in die Schweiz. In Dübendorf – damals ein kleiner Vorort von Zürich – fand sie Arbeit und ein Zuhause. Mit etwas Unterstützung von Nachbarn und Familie lebt sie in ihrer Dreizimmerwohnung. Judith Magos ist eine Zugewanderte, die gern in der Agglomeration von Zürich lebt.

Ludi Fuchs, geboren 1952, ist in Uster in einer Arbeiterfamilie aufgewachsen. Sein Denken und Handeln wurde von der 68er-Generation geprägt. Heute wohnt er mit Familie in einem modernen Reihen-Einfamilienhaus und freut sich über den Wohnboom in seiner Heimatstadt.

Susan Kieser Jäggi, geboren 1961, hat schon immer ausserhalb der Stadtzentren gelebt. Mit ihrer Familie bewohnt sie in Wald ein Loft in einer umgebauten Textilfabrik. Und doch ist Wald für Susan Kieser nicht einfach eine hübsche Dorfkulisse. Sie macht sich Sorgen wegen der sozialen Probleme, die auf ihren Wohnort zukommen.

Das Forschungsprojekt «Über Gemeindegrenzen hinaus denken: Drei Wohnbiografien aus der Agglomeration von Zürich» wurde durchgeführt von: Heinz Nigg, AV-Produktionen Heinz Nigg, Zürich.
Die Videos und deren Textfassungen finden sich auf www.s5-stadt.ch und www.e-collection.library.ethz.ch.

Der Bau des S-Bahn-Systems vor 20 Jahren hat die Region verändert. Auch die Alltagsmobilität verändert sich: Die Menschen haben ausgeklügelte Konzepte, wann sie wie und wo welche Fortbewegungsmittel benutzen. Berufspendler füllen die Zeit unterwegs mit Tätigkeiten – das S-Bahn-Abteil wird zum verlängerten Büro oder Wohnzimmer. Die Kinderkrippe liegt gleich beim Bahnhof, damit die Eltern von dort per S-Bahn zum Arbeitsplatz fahren können. Jugendliche nutzen die S-Bahn wie ein Tram, um abends auszugehen.

Mobilität

Nachbarschaften auf Distanz

Das Beziehungsnetz wächst weit über das Quartier hinaus

Sabine Witt

Im Rehbühl-Quartier, einem Stadtteil von Uster, kennt sich Antje Sommer inzwischen gut aus. Zuerst war sie, die Sozialpädagogin, zusammen mit der Architektin Eva Lingg im Auto durch die Strassen gefahren und hatte Ausschau nach möglichst unterschiedlichen Überbauungen gehalten. Wenn sie eine Siedlung sahen, die den vorher festgelegten Kriterien entsprach, hielten sie für einen Fotostopp. Die Siedlungen sollten sich in Alter, Standort und baulichen Merkmalen unterscheiden, damit sich bei verschiedenen architektonischen Voraussetzungen nachbarschaftliche Beziehungen in einer gewissen Breite untersuchen liessen. Die Wahl fiel auf je eine Siedlung aus den 1960er- und 70er-Jahren sowie eine aus dem Jahr 2001. Antje Sommer suchte dann den Kontakt zu den Bewohnerinnen und Bewohnern: «Das war gar nicht so leicht. Die Befragten mussten bereit sein, Einblicke in ihre Privatsphäre und die persönlichen Beziehungen zu den Nachbarn zu gewähren.» Eine Bedingung war denn auch die Wahrung der Anonymität bei den Interviews. So können in der qualitativen Forschung auch heikle Themen angesprochen werden.

Im Projekt «Neue Nachbarschaften in der S5-Stadt» untersuchten die Forscherinnen und Forscher die Zusammenhänge zwischen gelebten Nachbarschaftsbeziehungen und der Siedlungsarchitektur. Die Zusammensetzung des Teams von der St. Galler Fachhochschule spiegelt den transdisziplinären Ansatz: Christian Reutlinger, ein Sozialgeograf, Steve Stiehler und Antje Sommer, ein Sozialpädagoge und eine Sozialpädagogin, und Eva Lingg, eine Architektin, führten die unterschiedlichen Ansätze der Nachbarschaftsforschung zusammen. Sie fanden «neue Nachbarschaften» vor, die sich durch eine grosse Vielfalt auszeichnen.

Neue Formen der Nachbarschaft überspringen das Quartier

Für die Erforschung neuer Nachbarschaften wurden Perspektiven der individuellen Nachbarschaftsbeziehungen und der territorial-architektonischen Nachbarschaft miteinander verbunden. Manche Menschen, so Steve Stiehler, unterhielten zwar nachbarschaftliche Beziehungen innerhalb ihres Hauses. Doch bei vielen fehle der Quartierbezug. Sie überspringen den Nahraum und greifen auf ein weit aufgespanntes Beziehungsnetz zurück. Stiehler illustriert: «Es ist oftmals naheliegender, eine Kollegin oder einen Kollegen zu fragen, ob er oder sie die Blumen während der Ferien giesst, als einen Nachbarn.» Diese Besonderheit ergibt sich aus der grossen Mobilität eines Teils der Bewohnerinnen und Bewohner der Agglomeration.

Wer durch das ausgewählte Quartier spaziert, dem springen vor allem zwei Dinge ins Auge: die unmittelbare Nachbarschaft von Überbauungen, die Vorstellungen vom Wohnen in unterschiedlichen Zeiten repräsentieren, sowie das Nebeneinander von Urbanem und Ländlichem. Zum ländlichen Eindruck trägt eine Kuhweide zwischen den Überbauungen bei.

Auf das Quartier in Uster wurden die Beteiligten durch das benabita-Projekt (siehe Seite 79) aufmerksam. Es bot sich für die Untersuchung an, weil sich hier das kleinteilige Nebeneinander von verschiedenen Wohnformen findet, das als typisch für die Agglomeration gilt. Die Forscherin Antje Sommer verweist auf das charakteristische Spannungsverhältnis zwischen Homogenität und Heterogenität, das durch die Kleinteiligkeit entsteht. Homogenität herrscht innerhalb der sogenannten Siedlungsinseln, in denen einander ähnliche Lebensformen dominieren. Heterogenität hingegen zeigt sich jenseits einer bestimmten Siedlung, denn hier können die Lebensformen bereits ganz andere sein: «Dazwischen liegen manchmal Welten.»

Den Traum vom Einfamilienhaus am Stadtrand möchte die jüngste der drei Siedlungen ein Stück weit wahrmachen. Die sieben vier- oder fünfgeschossigen, allein stehenden Häuser sind jeweils von Grünflächen umgeben. Jedes Geschoss ist eine Einheit mit 190 Quadratmetern Wohnfläche, die von aussen über eine Treppe oder direkt mit dem Lift schon von der Tiefgarage aus zugänglich ist. Wer keinen Kontakt mit den Nachbarn haben möchte, kann auf Distanz gehen: Weniger Reibung bedeutet weniger Konflikte. Der Eingang zum Lift, die Anordnung der Briefkästen oder die Grünfläche drumherum ermöglichen indessen Begegnungen. «Die Architektur schafft hier Räume, in denen sich nachbarschaftliche Beziehungen entwickeln können, aber nicht müssen», erklärt Antje Sommer.

Doch wie leben und erleben das die Menschen in den Häusern? Dazu äusserten sich ausgewählte Bewohnerinnen und Bewohner in themenzentrierten Interviews mit Fragen zu unterstützenden Funktionen der Nachbarschaft, zu belastenden oder konfliktträchtigen Aspekten sowie zu Formen ritualisierter Nachbarschaftsbeziehungen. Ausserdem wurden sie gebeten, eine Netzkarte ihrer nachbarschaftlichen Beziehungen zu zeichnen, ausgehend von ihrem Haus, über die Nachbarschaft, das Quartier, Uster, die Region bis hin zum Kanton und der gesamten Schweiz. Anschliessend wurden die genannten Personen entsprechend ihrer emotionalen Nähe zu den Befragten in eine sogenannte Beziehungskarte eingetragen.

In den grauen Häusern mit der eleganten Ausstrahlung von Glas und Metall wohnen Menschen in unterschiedlichen Lebensphasen, mit oder ohne Kinder. Die hindernisfreie Architektur ermöglicht Personen unterschiedlichen Alters in der Siedlung zu wohnen. Spielelemente auf den Freiflächen deuten darauf hin, dass auch Familien mit Kindern zur Zielgruppe der Siedlung gehören. Gemeinsam ist der heterogenen Bewohnerschaft, dass sie grösstenteils Stockwerkeigentum besitzt und somit einer gehobenen Mittelschicht zugerechnet werden kann.

Eine Frau mittleren Alters etwa unterhält Nachbarschaftsbeziehungen, die vor allem praktischer, aber nicht emotionaler Natur sind. Um kleinere Unterstützungsleistungen bittet sie im Haus, dabei kommt es nicht darauf an, bei wem; ähnlich hält es ein weiterer, älterer Befragter. Hingegen spielen für eine Mutter mit kleineren Kindern die nachbarschaftlichen Beziehungen in der unmittelbaren Umgebung eine grosse Rolle, da gegenseitig Kinder oder Haustiere gehütet werden können.

Jene Bewohnerinnen und Bewohner, deren Beziehungsnetz weit aufgespannt ist, unterhalten persönliche Kontakte in einem grösseren Radius: Freunde, selbst wenn sie selber in der Agglomeration wohnen, treffen sie in Zürich, weil die Stadt für alle am besten zu erreichen ist. Oder die Beziehungen reichen über die Landesgrenzen hinaus. In diesen Fällen wird der Nahraum übersprungen. Das heisst, auf der individuellen Netzwerkkarte, die vom Haus ausgehend über die Strasse, das Quartier und noch weiter gezogen wird, sind nicht alle Distanzkreise belegt.

«Dort ist jeder mittendrin»

Der Weg zur zweiten Siedlung führt an einer Viehweide entlang. Die Kühe wackeln beim Fressen mit den Köpfen, sodass ihr Glockengeläut Bilder von einer ländlichen Idylle wachruft. Doch das Dröhnen von Baumaschinen kommt näher. In Uster wird viel gebaut, wenn nicht neu, dann renoviert. So ergeht es gerade der Überbauung aus den 1970er-Jahren. In der Grosssiedlung sind zahlreiche Begegnungsräume angelegt. Es gibt Grill- und Spielplätze, ein strukturierendes Wegsystem, wobei die Wege nah an den Häuserzeilen vorbeiführen. «Dort ist jeder mittendrin», erklärt in einem späteren Gespräch die Architektin Eva Lingg, «man kann einander fast nicht aus dem Weg gehen.» Auch grenzen die Gärten in den Reihenhauszeilen aneinander. «Mit einer Hecke zum Beispiel konnte man hier die nachbarschaftlichen Beziehungen ein Stück weit mitgestalten: Einblicke verhindern und so Kontakte erschweren», sagt Antje Sommer auf dem Rundgang.

Architektonisch ist die Einfahrt zur Tiefgarage als ein Treffpunkt der Bewohnerschaft konzipiert, worauf die Briefkästen unmittelbar neben dem Eingang hindeuten. Doch besitzen nicht alle ein Auto in der Siedlung, und die befragte Frau «Erika» bevorzugt im Alltag das Fahrrad. Daher begegnet sie Bewohnern an anderen Orten. Als ihre Kinder noch im Haushalt lebten und Spielplätze in der Siedlung ein wichtiger Begegnungsort waren, hatten die Kontakte zu Nachbarinnen mehr Gewicht. Doch mit dem Lebenslauf veränderten sich die Lebensorte und auch die Kontaktmöglichkeiten. So sind einstige Arbeitskolleginnen und auch Freundinnen wichtige Bezugspersonen. Für ihre persönlichen und unterstützenden Kontakte ist die breite geografische Streuung charakteristisch – lediglich der Regionskreis auf der Netzwerkkarte bleibt leer. Ihr Beziehungsnetz dominieren langjährige Kontakte, diese schätzt sie als resistenter gegenüber Konflikten ein.

Nach zehn Minuten Fussweg erreichen wir die dritte und letzte Station auf unserem Rundgang. Antje Sommer weist auf den Kontrast zwischen den beiden Strassenseiten hin. Da stehen erhöht, inmitten prächtiger Gärten, grosszügige Stadtvillen den bescheidenen Zweifamilienhäusern einer Genossenschaftssiedlung gegenüber. Nachbarschaftliche Beziehungen über die Strasse gebe es kaum.

Innerhalb der Siedlung ist – wie in der Grosssiedlung – ein nachbarschaftliches Miteinander angelegt. Das lässt sich etwa an der Begrenzung der Heckenhöhe zwischen den Gärten, die zum jeweiligen Haus gehören, erkennen: Würde jemand die Hecke zu hoch wachsen lassen und indirekt auch die Kontaktmöglichkeiten zu stark einschränken, könnten die Bewohnerinnen und Bewohner Einspruch erheben. Der Garten spielt auch für den interviewten, kurz vor der Pensionierung stehenden Bewohner eine wichtige Rolle. Denn – im Gegensatz zu den befragten Personen aus den anderen Siedlungen – hat er seine Aktivitäten und Kontakte auf die nächste Nachbarschaft sowie auf das Quartier ausgerichtet. Über den Gartenzaun etwa tauscht er Pflanzen aus oder führt Gespräche über die Gartenpflege. Doch aufgrund des Generationenwechsels in der Siedlung – den er durchaus als positiv erlebt – kommt es mitunter zu Konflikten. Die älteren Bewohner verlassen die Siedlung, weil sie nicht altersgerecht gebaut ist. Die neuen Mieter, vor allem alleinerziehende Eltern mit Kindern, ziehen hier wegen des geringen Mietzinses und des Umschwungs ein und haben kaum Zeit, sich um den Garten zu kümmern. Das führt zu Spannungen, wenn gestalterische Vorstellungen – beispielsweise der Pflegezustand oder die Heckenhöhe – nicht übereinstimmen. Oder wenn die Haustiere des Nachbarn die Grundstücksgrenzen ignorieren und im eigenen Garten die Haustiere oder auch Personen sogar bedrohen.

Wegen ein paar Eiern lieber zum Tankstellenshop

In allen drei Siedlungen zeigt sich, dass nachbarschaftliche Verhältnisse von der Architektur in einer bestimmten Weise vorgegeben werden. Wie diese Nachbarschaft aber von den einzelnen Bewohnerinnen und Bewohnern genutzt wird, hängt von verschiedenen Faktoren wie Lebensphase, Alter, Schichtzugehörigkeit oder individuellen Vorlieben ab. Der Bedarf an nachbarschaftlicher Unterstützung wird darüber hinaus durch das verbesserte Angebot an Dienstleistungen beeinflusst, so muss wegen ein paar Eiern nicht der Nachbar angefragt werden, wenn der Tankstellenshop um die Ecke spät abends geöffnet ist. Eine Besonderheit der Region stellt zudem die grosse Mobilität eines Teils der Bewohnerschaft dar. Die mobilsten Bewohnerinnen und Bewohner können den Nahraum des Quartiers problemlos in ihren Beziehungsnetzwerken überspringen, wodurch sie alltägliche gegenseitige Unterstützungsleistungen zunehmend vom Wohnort abkoppeln.

Über die «neuen Nachbarschaften» war bis vor wenigen Jahren noch kaum etwas bekannt. Das erfuhren die Beteiligten am benabita-Projekt, welches das Forschungsprojekt «Nachbarschaften» auslöste. Sie gingen davon aus, dass im Quartier ein einigermassen einheitlicher Bedarf an nachbarschaftlicher Unterstützung bestehe. «Die Homogenitätsvorstellungen hinter diesem Ansatz waren nicht realistisch», sagt Christian Reutlinger als Leiter des «Nachbarschaften»-Projekts.

Standen Homogenitätsvorstellungen zu Beginn des Projekts, förderte die Studie eine grosse Vielfalt an «sozialen Nachbarschaften» zutage. Die Projektbeteiligten betonen den explorativen Charakter der Studie, was so viel wie «erkundend» oder «sondierend» heisst – ein angemessener Zugang für ein bisher kaum erforschtes Gebiet, das sich als ein Laboratorium sozialer Beziehungen erweist.

Das Forschungsprojekt «Neue Nachbarschaften in der S5-Stadt: Von der Metamorphose der nachbarschaftlichen Beziehungen im Quartier» wurde durchgeführt von: Christian Reutlinger, Eva Lingg, Antje Sommer und Steve Stiehler, FHO Fachhochschule Ostschweiz, FHS St. Gallen, Hochschule für Angewandte Wissenschaften, Kompetenzzentrum Soziale Räume. Der Forschungsbericht findet sich im E-Book auf www.s5-stadt.ch.

Wohnen ohne Hindernisse
Ein Verein engagiert sich für das Quartier Rehbühl

Sabine Witt

Die Bewohner im Zürcher Oberland gehen mit der Zeit. Wo einst die Nachbarn mit Eiern oder Milch aushalfen, gibt es heute die «herrlichen Tankstellenshops», wie Marianne Dobler-Müller als Beraterin und spätere Leiterin des Projekts «benabita» sagt. Viele gut zugängliche Versorgungsmöglichkeiten und Dienstleistungsangebote sind in den letzten Jahren im Ustermer Rehbühl-Quartier entstanden, sodass es die herkömmliche Nachbarschaftshilfe kaum mehr gibt.

2005 startete der Verein, der sich mit seinem später gefundenen Namen «benabita» dem «guten Wohnen» verschrieb, ein Nachbarschafts- und Quartierentwicklungsprojekt, wobei ältere und behinderte Menschen eine gemeinsame Zielgruppe bildeten. Ausgewählt wurde dafür das Stadtquartier Rehbühl mit seinen rund 3000 Bewohnerinnen und Bewohnern. In seiner Zusammensetzung hat es sich in den vergangenen Jahren rasant diversifiziert: Neben den älteren Überbauungen von Genossenschaften und privaten Investoren, die zum Teil renoviert und umgebaut werden, oder Einfamilienhaus-Zeilen entstanden Wohnblocks für einen sich neu ansiedelnden Mittelstand.

Als das Projekt aufgegleist wurde, gingen die Beteiligten davon aus, dass es ein nachbarschaftliches Kontaktnetz brauche. Der Verein wollte fortlaufend über die Bedürfnisse der Menschen, insbesondere der älteren und behinderten informiert werden, um seinerseits mit den nötigen Informationen darauf reagieren zu können. Die Stelleninhaberin des Quartierbüros, von dem aus das Kontaktnetz koordiniert und gepflegt werden sollte, quittierte nach knapp zwei Monaten den Dienst: Es brauche diese Dienstleistung nicht, lautete ihre Begründung. Tatsächlich bestätigt Marianne Dobler-Müller, die selber die städtischen Heime bis 2009 geleitet hat, dass sich in Uster das Dienstleistungsangebot in wenigen Jahren exponentiell vergrössert habe. Die Palette für ältere und behinderte Menschen wurde stark ausgebaut. Nicht nur rollstuhlgängige Einkaufsmöglichkeiten, geräumige und bequem zugängliche Wohnungen, ein grösseres Spitexangebot oder hindernisfreie Mobilität zählen dazu, auch der Freizeitbereich wie vier Rollstuhl-Wanderwege, die von «benabita» angeregt wurden. Zudem nutzen auch betagte und behinderte Menschen zunehmend die neuen Kommunikationsmedien, um sich nötige Informationen ohne fremde Hilfe zu verschaffen.

Das Quartier habe sich in den vier Jahren des Projekts dahingehend entwickelt, dass ältere Menschen und solche mit Behinderungen selbstbestimmt darin leben können, bestätigten Bewohnerinnen und Bewohner in den Workshops am Ende des benabita-Projekts. Ein nachbarschaftliches Netzwerk erwies sich als überflüssig, zumal die Menschen nicht das Quartier, sondern entweder die nähere Nachbarschaft als Bezugsrahmen hatten oder sich gegebenenfalls auch direkt ans Stadthaus wendeten.

Hans Thalmann, der Präsident des Vereins benabita, stellt rückblickend fest: «Wir haben viel gelernt über heutige Nachbarschaften und erfreulicherweise festgestellt, dass sich die Lebensqualität für ältere und behinderte Menschen in den letzten Jahren erheblich verbessert hat.»

Das Projekt «Rehbühl Uster – ein Quartier für alle» wurde durchgeführt von:
Marianne Dobler-Müller, Hans Thalmann und Marianne Aguilera vom Verein benabita, Uster.
Der Schlussbericht findet sich im E-Book auf www.s5-stadt.ch.

Vom Wert der Vernetzung und der regionalen Verankerung

Moderner Wirtschaftsraum

International vernetzt und regional verankert

Monika Burri

Zwischen der wirtschaftlichen und der räumlichen Entwicklung einer Region bestehen enge Beziehungen. Wirtschaftliche Aktivitäten prägen nicht nur mit ihrem Bedarf an geeigneten Arealen und Standorten die Siedlungsstruktur. Auch die Infrastrukturen für Kommunikation und Mobilität und die Wohnträume und Wohnbedürfnisse von Arbeitgebern und Arbeitnehmern widerspiegeln sich in der räumlichen Entwicklung. Für das S5-Stadt-Projekt haben Marco Pütz und David Gallati von der Gruppe Regionalökonomie und Regionalentwicklung der Eidgenössischen Forschungsanstalt für Wald, Schnee und Landschaft (WSL) den Siedlungsraum entlang der Zürcher S-Bahn-Linie S5 als Wirtschaftsraum untersucht. Basierend auf Literatur und Daten der öffentlichen Statistik wurden historische Entwicklungspfade, aktuelle wirtschaftsräumliche Strukturen und zukünftige Trends identifiziert. In Gesprächen mit ausgewählten Unternehmen und Experten haben die beiden Forscher Standortqualitäten und Herausforderungen aus der Sicht von regionalen Akteuren ermittelt. Der aus diesen Analysen hervorgegangene Forschungsbericht macht deutlich, dass der untersuchte Wirtschaftsraum ein vielschichtiges Feld darstellt und sich kaum räumlich eingrenzen lässt. Durch die Zulieferer- und Abnehmerbeziehungen von global tätigen Unternehmen ist das Zürcher Oberland in hohem Mass international vernetzt. Gleichzeitig erzeugen auch die Pendlerbewegungen der Arbeitnehmer komplexe räumliche Verflechtungen, welche noch so ländlich anmutende Gemeinden mit dem metropolitanen Grossraum Zürich verschmelzen lassen. Die wirtschaftlichen Aktivitäten in der Region gelten als gutes Beispiel für die sogenannte Glokalisierung, das heisst für eine internationalisierte Wirtschaft mit einer ausgeprägten regionalen Verankerung. Zusammen mit der Anbindung an den Finanz- und Handelsplatz Zürich gehört die kommerzielle Weltoffenheit zu den historischen Weichenstellungen, welche die Unternehmensstrategien im Agglomerationsgebiet zwischen Zürich und Pfäffikon SZ bis heute beeinflussen.

Hochburg der Textilindustrie bis Mitte der 1970er-Jahre

Über lange Zeit war die Region des Zürcher Oberlandes von einem Zusammenspiel aus Textilindustrie und Landwirtschaft geprägt. Die Spezialisierung auf das Textilgewerbe lässt sich bis ins Spätmittelalter zurückverfolgen. Seit dem 16. Jahrhundert hatte sich in der Stadt Zürich und Umgebung eine exportorientierte Verarbeitung von Baumwolle, Wolle und Seide etabliert. Während städtische Kaufmannsfamilien sich auf Handel, Verlag und Manufaktur ausrichteten, erfolgte in den ländlichen Gebieten der Grossteil der Fabrikation in Heimarbeit. Im Zürcher Oberland war die Erbpraxis der Realteilung vorherrschend, das heisst, das ganze Erbe, und damit auch der Landbesitz, wurde unter den Erben real aufgeteilt. Die daraus resultierende Zerstückelung von Güter- und Bodenbesitz gilt als ein wichtiger Nährboden für die Verbreitung von Heimarbeit und Taglöhnerei. Wie der Historiker Ulrich Pfister in seinem Standardwerk über die «Zürcher Fabriques» nachgewiesen hat, finden sich im ausgehenden 17. Jahrhundert unabhängige Landunternehmer als Vermittler zwischen den entfernt wohnenden Heimarbeitenden und den städtischen Kaufleuten. Mit der Industrialisierung der Produktionsmittel und dem Übergang von der Heim- zur Fabrikindustrie siedelten sich die Fabrikationsbetriebe vermehrt an den Flussläufen an. Seit dem 19. Jahrhundert entwickelte sich das Zürcher Oberland zu einer Hochburg von Textilindustrie und Textilmaschinenbau, erst in den 1970er-Jahren begann das auf die Baumwollspinnerei abgestützte Wirtschaftsfundament zu bröckeln. Der wirtschaftliche Strukturwandel der 1980er- und 1990er-Jahre brachte eine Welle der Betriebsschliessungen. Umgenutzte, zwischengenutzte und brachliegende Industrieareale der Textilära kennzeichnen noch heute das regionale Erscheinungsbild und zeugen von einem der am frühesten und dichtesten industrialisierten Gebiete Europas.

Erfolgreicher Wandel zur Hightech-Ökonomie

Die wirtschaftliche Entwicklung der letzten dreissig Jahre verlief prinzipiell ähnlich wie in der übrigen Schweiz. Die Beschäftigung in der Forst- und Landwirtschaft nahm kontinuierlich ab. Der sekundäre Sektor, der für die Warenproduktion zuständig ist, litt in der ersten Hälfte der 1990er-Jahre unter der Rezession. Erst nach 2005 konnte die Beschäftigtenzahl in einer Phase der Hochkonjunktur wieder gesteigert werden. Die steilste Zunahme bei der Beschäftigungsentwicklung zeigt auch in dieser Gegend der Dienstleistungssektor. Die Branchenzusammensetzung in den einzelnen Gemeinden variiert allerdings stark. Während Pfäffikon SZ oder Freienbach mit spezialisierten Finanz- und Versicherungsdienstleistungen eine Verlängerung des Finanzplatzes Zürich darstellen, haben Industriestandorte wie Hinwil oder Greifensee ein gewerbliches Profil bewahrt. Grundsätzlich gehört das Zürcher Oberland zu denjenigen Regionen, welche den Strukturwandel von der Agrarwirtschaft über die Textilindustrie bis zur wissensbasierten Hightech-Ökonomie erfolgreich vollzogen haben. Hochspezialisierte kleinere und mittlere Unternehmen bilden heute die Basis des wirtschaftlichen Geschehens und formen einen vielfältigen und innovativen Branchenmix. Doppelböden für telekommunikativ verkabelte Geschäftsgebäude, Maschinen für die Fabrikation von Tuben und Verschlüssen oder Rückversicherungen gegen Wirbelsturm und Erdbeben gehören zu den spezialisierten Nischenprodukten, mit denen Firmen der Agglomeration führende Marktpositionen beanspruchen.

Lebensqualität als Standortvorteil

Zum Begriff «Standort» und seiner räumlichen Ausdehnung gibt es bei den befragten Unternehmen unterschiedliche Vorstellungen. Kleine, lokal verankerte Betriebe mit einem regional beschränkten Absatzmarkt betrachten meist ihren Betrieb oder allenfalls die Gemeinde als ihren Standort. Betriebe des Detailhandels beziehen ihren Standort eher auf das Einzugsgebiet ihrer Kunden. Global tätige grössere Unternehmen hingegen operieren vorzugsweise mit der Marke Zürich oder vereinzelt auch mit dem Qualitätslabel «Swiss based» und weisen das Zürcher Oberland als Teil des Grossraums Zürich aus. Der nahe gelegene Flughafen, die Autobahn als Hauptader für Transport und Logistik, die räumliche Nähe zur Stadt Zürich und die teilweise attraktiven Steuerfüsse zählen zu den meistgenannten Vorzügen der Region. Neben den harten, objektiv messbaren Standortfaktoren werden in der raumbezogenen Standortlehre in jüngster Zeit vermehrt auch weiche, subjektive Aspekte miteinbezogen. Insbesondere die schnell wachsenden Hightech-Industrien mit ihren hoch qualifizierten Arbeitskräften orientieren sich bei ihrem Standortverhalten immer häufiger auch an subjektiven Faktoren wie Umwelt- und Lebensqualität. Die erforschte Region mit ihrer Stadt- und Seenähe bietet für die meisten Befragten eine attraktive Verbindung von Wohn-, Arbeits- und Freizeitangeboten, auch wenn der zunehmende Verlust von Grünflächen beklagt wird. Auch aus der Sicht der Unternehmer zählt nicht nur der kostenoptimale Standort. Die Verfügbarkeit von gut ausgebildeten Fachkräften sowie die emotionale Bindung an die Region und das dortige soziale Beziehungsgefüge beeinflussen die Wahl des Firmensitzes ebenso.

Inwiefern die S5 als «Schnellbahn» zwischen Zürich und Pfäffikon SZ oder das S-Bahn-System als Ganzes den Wirtschaftsraum S5-Stadt geprägt haben, ist nicht messbar und deswegen schwierig zu beurteilen. Gemäss Marco Pütz und David Gallati ist es nicht möglich, kausale Zusammenhänge zwischen der Verfügbarkeit der S-Bahn und der Wirtschaftsentwicklung herzustellen. Die Interviews mit ausgewählten Unternehmen machen deutlich, dass die S-Bahn ein willkommener, aber nicht unerlässlicher Attraktivitätsfaktor darstellt. Für die Arbeitgeber hat die schlanke öffentliche Verkehrsverbindung den potenziellen Arbeitskräftemarkt ausgeweitet. Gleichzeitig wurde die Region mit dem Bau der Zürcher S-Bahn Anfang der 1990er-Jahre auch als Wohnstandort aufgewertet. Arbeitsplätze in den städtischen Zentren sind durch die effizienten Anschlüsse bequem erreichbar. Aus kommerzieller Sicht birgt die schnelle Raumüberwindung aber auch Risiken und Gefahren. Kleinbetriebe des Detailhandels müssen sich gegenüber Grosszentren behaupten, Anbieter im Kulturbereich sind der direkten Konkurrenz aus der Grossstadt Zürich ausgesetzt. Aus wirtschaftlicher Sicht bietet das S-Bahn-System neben Chancen auch Risiken, da der «Sog» der Grossstadt Zürich dem gut erreichbaren Umland Potenzial und Kunden entziehen kann.

Globale Vernetzung und lokale Ressourcenpflege

Nicht zuletzt zeigt das Gebiet am Fusse des Bachtels als Teil einer wirtschaftspolitischen Grossregion die Grenzen der vorhandenen Planungsinstrumente auf. Ineffizienz in der Siedlungs- und Infrastrukturplanung lässt sich zu einem guten Teil auf die kleinteilige, föderalistische Entscheidungsstruktur zurückführen. Mit der Bildung von überörtlichen Gremien, wie etwa der Planungsgruppe Zürcher Oberland (seit 2010 Region Zürcher Oberland RZO), wurden bereits Massnahmen zur Stärkung der gemeindeübergreifenden Kooperation eingeleitet. Allerdings ist der Einflussbereich dieser Instanzen mangels ausführender Kompetenzen noch ziemlich begrenzt. Regionaler Koordinationsbedarf besteht laut der Studie von Marco Pütz und David Gallati weiterhin bei der Organisation von grossräumigen Verkehrsnetzen, die zu den zentralen Attraktivitätsfaktoren im Standortwettbewerb der Regionen gehören. Die ungewisse Zukunft der Zürcher Oberlandautobahn beispielsweise blockiert unternehmerische Entscheide. Auch die steigenden Bodenpreise, die Bauentwicklung und der damit verbundene Verlust an Landschaftsressourcen rufen nach übergreifenden Konzepten und Visionen. Eine grossräumige Verbesserung der Agglomerationspolitik stellt der im Juli 2009 gegründete Verein Metropolitanraum Zürich in Aussicht. An den zweimal jährlich einberufenen Konferenzen versammeln sich Exekutivpolitiker und -politikerinnen aus acht Kantonen und rund 100 Gemeinden. Ziel ist es, eine der wirtschaftsstärksten Regionen Europas in den Handlungsfeldern Wirtschaft, Lebensraum, Verkehr und Gesellschaft strategisch zu gestalten und aktiv voranzutreiben. Metropolregionen als neue wirtschaftliche Gravitationszentren verlangen zudem nach neuen Instanzen der Public Relations und des Standortmarketings. Internationale Werbung für den Wirtschaftsraum Zürich macht seit 1999 die Greater Zurich Area AG, ein Zusammenschluss von Behörden und Unternehmen, welcher die in 60 Autominuten erreichbare Region rund um den Flughafen Zürich als europäischen Erfolgsstandort vermarktet. Dass die Verbindung von globaler Vernetzung und lokaler Ressourcenpflege einen vielversprechenden sozioökonomischen Trend darstellt, lässt sich am Beispiel der untersuchten Region aufzeigen und weiterführen.

Das Forschungsprojekt «Der Wirtschaftsraum S5-Stadt im Wandel» wurde durchgeführt von: David Gallati und Marco Pütz, Eidgenössische Forschungsanstalt für Wald, Schnee und Landschaft WSL, Birmensdorf, Forschungsgruppe Regionalökonomie und -entwicklung.
Der Forschungsbericht findet sich im E-Book auf www.s5-stadt.ch.

Bildung als grosses Plus
Wie Mobilität auch die Bildungschancen erhöht

Marc Valance

Im Mühlespiel nennt man es «Figgi-und-Mühli»: Der Spieler, die Spielerin kann wählen zwischen zwei Zügen, und jeder Zug gewinnt. Eine starke Stellung und genau die Position, welche die Jugendlichen aus der Agglomeration am Fusse des Bachtels innehaben: Sie können nach der obligatorischen Schulzeit das Gymnasium in der vertrauten Umgebung absolvieren, in der sie aufgewachsen sind, oder sie fahren für eine Berufsausbildung in die nahe Grossstadt – und wohnen in beiden Fällen im Elternhaus. Stefan Albisser, einer der Autoren der Studie «Zur Attraktivität des Bildungsraums der S5-Stadt», bringt es auf den Punkt: «Was die Region ihren Bewohnerinnen und Bewohnern neben anderen Qualitäten bietet, ist eine Vielfalt an Bildungs- und Ausbildungsmöglichkeiten, die sie aufgrund der problemlosen Verkehrsanbindung an die Grossstadt auch nutzen können.»

«Bildungsraum» umfasst nicht nur «Schule», sondern meint alle Angebote für Bildung und Freizeit eines Lebensraums. Wie der Bildungsraum des Gebiets beschrieben werden könnte und als wie attraktiv die Bewohnerinnen und Bewohner die bestehenden Angebote einschätzen, untersuchten Studierende der Pädagogischen Hochschule Zürich (PHZH) in verschiedenen Projekten.

Ein Forschungsseminar diente dazu, mehrere Projektskizzen zu entwickeln. Ziel war es, die Studierenden in sozialwissenschaftliches Denken und Arbeiten einzuführen und sie Fragestellungen erforschen zu lassen, die für sie als künftige Lehrpersonen relevant sind. Fünf der entwickelten Projekte wurden umgesetzt.

Im Zentrum der ausgewählten Projekte stand die Attraktivität des Bildungsraums. Sie wurde am Angebot und an der Nutzung der lokalen Bildungseinrichtungen gemessen. Die Studierenden untersuchten ferner Berufswünsche und Lehrstellensuche von Jugendlichen der Region und die Vorstellungen, die sie sich von einem künftigen Wohn- und Arbeitsort machen. Erforscht und verglichen wurden auch die Erwartungen von Schülern, Eltern und Lehrpersonen an die Schule. Beteiligt waren rund 30 Studierende der PHZH, unter der Leitung der Dozierenden Manuela Keller-Schneider (Gesamtleitung), Stefan Albisser und Heinz Moser.

Angebote von 28 Gemeinden im Vergleich

Zum Thema «Standortattraktivitäten» wurde von 28 Gemeinden der Agglomeration ein Attraktivitätsrating mit drei Indikatoren durchgeführt: Kinderbetreuungsangebote und Freizeitangebote für Kinder; Ausbildungsangebote für Kinder, Jugendliche und Erwachsene; Freizeitangebote für Jugendliche und Erwachsene. Alle drei Indikatoren sind Pull-Faktoren, das heisst, sie fördern die Attraktivität einer Region und damit die Zuwanderung. Bei über 30 potenziellen Angeboten – vom Freibad bis zu Fahrstunden – wurde recherchiert, ob und in welcher Anzahl sie in einer Gemeinde vorhanden sind. Nicht bewertet wurde die Qualität der Angebote. Die Auswertung zeigt – nicht allzu überraschend –, dass die grösseren Gemeinden ein breiteres Angebot aufzuweisen haben als die kleineren. Spitzenreiter in der Region sind demgemäss Uster, Wetzikon und Dübendorf mit ihren mehr als 20 000 Einwohnern.

Insgesamt bietet die Region bezüglich aller drei Indikatoren ein dichtes Angebot. Je nach Bedürfnissen und Alter der Kinder und Jugendlichen stehen hier mannigfaltige Möglichkeiten bei Ausbildung und Freizeit offen. Betreuungsangebote für Kinder verschaffen jungen Eltern die Möglichkeit, sich in Erwerbs- und Erziehungsarbeit zu teilen. Kein Zwang umzuziehen, weil weiterführende Schulen oder Lehrstellen in erreichbarer Nähe fehlen. In der Region können Jugendliche und junge Erwachsene Kantonsschulen besuchen, Lehren absolvieren, an Fachhochschulen, Universität oder ETH studieren und – was auch immer sie wählen – im Elternhaus wohnen.

Eine Region wie alle anderen?

Die Sicht auf Agglomerationen mag mit dem Vorurteil belastet sein, die Jugendlichen der Vorstädte hätten nichts anderes im Sinn, als nach der Schulzeit ihren Wohnort so rasch wie möglich zu verlassen und in der Grossstadt ihr Glück zu suchen. Allerdings – zwei Drittel der mehr als hundert befragten Kinder und Jugendlichen zwischen 10 und 15 Jahren aus der Region gaben an, sie wollten nach der obligatorischen Schulzeit in der Umgebung, in der sie aufgewachsen sind, bleiben.

Auch die Erwartungen von Kindern und Jugendlichen an «die gute Lehrperson» und «die gute Schule» interessierte die Forschenden. Sie richteten ihre Fragen auch an Eltern und Lehrpersonen. Ausgewertet wurden 350 Fragebogen aus 12 Sekundarschulklassen der S5-Stadt. «Erstaunlich ist», sagt Manuela Keller-Schneider, «dass sich Eltern, Jugendliche und Lehrpersonen in ihren Ansichten über ‹die gute Schule› und ‹die gute Lehrperson› nicht einig sind. Auch innerhalb dieser Gruppen bestehen grosse Unterschiede.» Bei Elternumfragen zur Gestaltung des Schullebens etwa sind also keine eindeutigen Antworten zu erwarten, eine Tatsache, die es bei bildungspolitischen Diskussionen zu berücksichtigen gilt.

Das untersuchte Gebiet unterscheidet sich mit dieser Meinungsvielfalt laut Manuela Keller-Schneider kaum von anderen Regionen. «Die Heterogenität der Meinungen ist im Gegenteil eine Stärke dieser Agglomeration: Es gibt keine Gettoisierung in diesem Bildungsraum.» Keine Tendenz zu Spezialisierung und Eliteschulen auf der einen und Ausgrenzung auf der anderen Seite ist auszumachen. Der regionale Bildungsraum bietet offenbar für alle Schichten, Gruppierungen und Lebensanschauungen passende Schulen und Bildungseinrichtungen.

Auch bei den Kantonsschülern, die nach der obligatorischen Schulzeit eine erste Wahl getroffen haben, bestätigt sich die regionale Verbundenheit: Zwei Drittel der befragten Schülerinnen und Schüler besuchen die regionalen Kantonsschulen KZO und Glatttal. «Hier spielt allenfalls ein Peer-Effekt mit», sagt Stefan Albisser. «Nach der obligatorischen Schulzeit bleiben die Schüler gern noch zusammen, doch ein paar Jahre später, wenn es um Spezialisierung geht, werden sie sich trennen.» Ein Drittel der Kantonsschüler der Agglomeration entscheidet sich für eine Schule in der Stadt Zürich. Die meisten wählen das «Rämibühl». Stefan Albisser begründet: «Die S5 hält gewissermassen vor der Haustür dieser Schule mit ihren spezifischen Angeboten, die es in der Agglomeration in dieser Form nicht gibt.» Es ist die Spezialisierung, die anzieht, nicht der Thrill der Grossstadt.

Doch zurück zu den Jugendlichen im Schulalter, vor der Berufswahl. Geht man von ihren Träumen, Wünschen, Absichten und Plänen aus, so zieht es von jener Minderheit, die ihre unmittelbare Umgebung dereinst verlassen möchte, nur wenige in die Grossstadt. Die Mehrheit stellt sich ihre Zukunft in einem Dorf oder einer Agglomeration vor, bei der wohl die vertraute Region Pate gestanden hat. «Es ist erstaunlich, wie stark viele Jugendliche hier verwurzelt sind», sagt Heinz Moser. «Viele sagen zwar: ‹Ich geh nach der Schulzeit vielleicht mal weg, aber wenn ich erwachsen bin, komme ich zurück.»» «Nach der Schule möglichst schnell weg» ist hier nicht die Devise. Man nimmt die vorhandene Mobilität locker, sieht den Mobilitätsgewinn, deshalb kann man auch gelassen die Möglichkeiten ins Auge fassen, die der Raum bietet. In einem weniger gut erschlossenen Gebiet wäre die Haltung «weg von hier» vermutlich stärker.

Träume, Wünsche und ihre Anpassung an die Realität

Breit ist die Palette der Berufswünsche der Jugendlichen in der Agglomeration am Fusse des Bachtels – sie reicht von Popstar und Aussenministerin bis zu Hochbauzeichner und Kindergärtnerin. Eine grosse Anzahl handwerklicher Berufe wird genannt – Schreiner, Bäcker, Zimmermann, Optiker – oder kaufmännische und soziale Berufe. Auch die akademischen Berufe fehlen nicht – Kinderärztin, Archäologin, Zahnarzt, Architekt. Wie nicht anders zu erwarten, äussern die älteren Jugendlichen realistischere Wünsche als die Primarschüler. Auch wenn es darum geht, die Möglichkeit ihrer Realisierung einzuschätzen, sind die 15- und 16-Jährigen realitätsbewusster als die Jüngeren. Fast die Hälfte der Jugendlichen denkt bei der Berufswahl ans Geld: «Viel Geld» steht an oberster Stelle der Motivationen, gefolgt von «eine spannende Tätigkeit ausüben». «Es hat uns überrascht», sagt Heinz Moser, «dass wir hier in so deutlichem Mass auf Geschlechterunterschiede gestossen sind: Die Buben wollen eher Geld verdienen, die Mädchen orientieren sich stärker inhaltlich und sozial.» Ein genereller Befund, der sich, so Heinz Moser, in einer anderen Studie erhärtet hat und nicht nur für diese Region gilt.

Stellt sich die Frage, woher die breite Palette der Berufe stammt, welche die Jugendlichen der Agglomeration als Wunschberufe präsentieren. Auch hier unterscheiden sie sich wenig von Jugendlichen überhaupt: Die Mehrheit will auf keinen Fall denselben Beruf wie Mutter oder Vater ergreifen – eine Haltung, die sich im Lauf des Berufswahlprozesses, der sich meist über mehrere Jahre hinzieht, allerdings ändern kann. Bei den Traumberufen – Privatdetektiv, Wrestling-Profi – spielen bestimmt die Medien eine Rolle. Am stärksten prägt jedoch das erweiterte familiäre Umfeld die Berufswünsche. Die Jugendlichen orientieren sich an Onkeln, Tanten, Cousinen, an älteren Geschwistern, Freunden der Familie. Starke Eindrücke hinterlassen auch Besuche an deren Arbeitsplätzen und die Möglichkeit, dort konkret mit anzupacken.

Die Region bietet ein breites Angebot an Berufen und beruflichen Tätigkeiten, die Jugendliche erleben und anschaulich nachvollziehen können. Elf Schülerinnen und Schüler stellten in der qualitativen Untersuchung zur Berufswahl ihren Traumberuf vor, indem sie in einem Betrieb in der Region fotografierten. Studierende der PHZH führten mit den Fotografinnen und Fotografen ausführliche Interviews zu den Bildern durch. «In der Kombination von Bild und Interview können sich die Jugendlichen über ihre Wünsche besser ausdrücken, als wenn sie es in schriftlicher Form tun müssten», sagt Heinz Moser. Die Arbeiten der elf Schülerinnen und Schüler zeigen auf eindrückliche Weise, wie ernsthaft sich die Jugendlichen mit den Realitäten ihrer Wunschberufe auseinandersetzen.

Den Fragebogen war zu entnehmen, dass zwei Drittel der Jugendlichen zur Zeit der Befragung noch nicht genau wussten, wie es nach der obligatorischen Schulzeit weitergehen würde. Kantonsschule? Lehre? Welche Lehre? Ob sie ihre Wunschberufe später auch realisieren, wurde in der Studie nicht erhoben, ebenso wenig die Bereitschaft des Gewerbes, die erträumten Ausbildungen anzubieten. «Das wäre eine interessante Frage, hätte aber eine ganz andere Studie bedingt», sagt Heinz Moser, «dazu fehlten die Zeit und die Mittel.»

Aus dem breiten Lehrstellenangebot lässt sich allerdings schliessen, dass die Berufswünsche der Jugendlichen nicht bloss Träume sind. Ob Angebot und Wünsche korrelieren, ist nicht erforscht worden, doch kann man, so Stefan Albisser, durchaus davon ausgehen, dass manche Jugendliche bei ihrem Berufswunsch ihre um zwei Jahre älteren Kolleginnen und Kollegen zum Vorbild nehmen und sich an deren Lösungen orientieren – an konkreten, in der Region angebotenen Berufsausbildungen also.

Nischenangebote als Stärke der Region

Ob eine Region oder eine Gemeinde als Standort und Wohnort attraktiv ist, entscheiden nicht Lehrstellenangebot und Erreichbarkeit der Kantonsschulen allein, sondern neben Angeboten für die Kinderbetreuung auch Freizeitangebote für die Jugendlichen, welche die Mobilität zu nutzen wissen.

Wenn die 10- bis 15-Jährigen in die nahe Grossstadt fahren, tun sie es meist, um zu «lädele» oder um ins Kino zu gehen. Allerdings fahren viele von ihnen – nämlich 40 Prozent – fast oder gar nie in die Stadt. «Ihr Ausgehverhalten ist stark durch die Familie bestimmt, freier Ausgang noch nicht die Regel, ihre Verbundenheit mit der Wohngemeinde gross», stellt Stefan Albisser fest.

Nach der obligatorischen Schulzeit erweitert sich der Ausgangsradius, doch auch die älteren Jugendlichen zieht es am Abend und am Wochenende nicht nur in die leicht erreichbare Grossstadt, die regionale Verwurzelung löst sich nicht einfach auf. «Wir kommen öfter her, weil es relativ nah ist und wir hier mit unter 18 schon reinkommen. Wir kennen halt auch einige Leute hier, was zum Beispiel in Zürich dann nicht so wäre», sagen jugendliche Besucher eines Klubs in Bubikon. Ferner: «Wir gehen nicht nach Zürich, dort gibt es zu viel Polizeipräsenz, es ist weiter weg, und es hat zu viele Leute.» Und: «Die Kollegen sind hier, und für Jugendliche unter 18 gibt es (in Zürich) keine schlauen Klubs. Der Weg wäre aber kein Problem.»

Dem Besitzer des Bubikoner Klubs ist klar, dass für sein Angebot die Altersgrenze ausschlaggebend ist. Niemand fährt von Zürich in einen Klub in einer Agglomerationsgemeinde. Also muss der Veranstalter in Bubikon die Jugendlichen aus der Region selbst gewinnen und unter ihnen vor allem die Jüngeren. Ohne die S-Bahn, meint er, hätte er dabei keine Chance. «An einem Abend wie heute ist es vor allem ein jüngeres Publikum, und die kommen beinahe alle mit dem Zug.»

Das Forschungsprojekt «Zur Attraktivität des Bildungsraums der S5-Stadt» wurde durchgeführt von: den Dozierenden Manuela Keller-Schneider, Stefan Albisser und Heinz Moser sowie Marc Feige, Regina Götsch, Christine Gordon-Vallejo und weiteren Studierenden der Studiengänge Vorschule, Primar- und Sekundarstufe 1 an der PHZH Pädagogische Hochschule Zürich, Fachbereiche Pädagogische Psychologie und Medienbildung.
Der Forschungsbericht findet sich im E-Book auf www.s5-stadt.ch.

Big-Box-Dorf Hinwil
Wo die grossen Kisten sind, ist die neue Mitte

Walter Jäggi

Geplant war ein Industrie- und Gewerbegebiet für die Gemeinde, entstanden ist ein Einkaufsziel für die Region. Die Wässeri bei Hinwil ist ein Beispiel für die neue Art, wie sich Zentren in einer Agglomeration fast von selber bilden. Mirjam Niemeyer und Tommi Mäkynen, freischaffende wissenschaftliche Mitarbeitende am Institut für Städtebau der ETH Zürich, haben den Fall Hinwil untersucht.

Der malerische Flurname Wässeri täuscht, und der Wildbach, der das Gebiet durchfliesst, ist alles andere als wild. Industrie und Gewerbe haben die grünen Wiesen zwischen Hinwil und dem Weiler Bossikon im Westen längst zonengemäss besetzt. Nicht zu übersehen ist die Kehrichtverwertungsanlage, die den Müll der ganzen Region entsorgt, ebenso wenig das Betonwerk, das die Region mit Baumaterial versorgt. Etwas diskreter der Zentralschlachthof, wo für die Region aus Schweinen Schnitzel gemacht werden. Dann stehen Hightech-Betriebe da, von denen mindestens drei Weltruf geniessen und das auch in einer anspruchsvollen Architektur zum Ausdruck bringen: Sauber Motorsport baut Formel-1-Rennwagen, ohne die komplexen Maschinen der Ferag wüssten die Druckereien rund um den Globus nicht, wie sie ihre frisch gedruckten Zeitungen und Zeitschriften versandfertig machen sollten, Belimo ist ein international wichtiger Mitspieler in der Branche Heizung, Lüftung, Klima.

Die Big Box, ein reiner Zweckbau

Zwischen Blut, Beton und Boliden hat auch noch ein Einkaufszentrum Platz gefunden. Eigentlich kein Einkaufszentrum, sondern ein lockerer Zusammenschluss von Supermärkten und Warenhäusern. Diese grossflächigen Verkaufsgeschäfte sind untergebracht in schmuck- und fensterlosen Gebäudekomplexen: Big Box nennen die Fachleute diese Art Zweckbau – grosse Kiste. «Die Idee wurde zuerst in den 1960er-Jahren in Frankreich verwirklicht, dann verbreitete sich das Konzept auch in den USA und schliesslich überall», sagt Tommi Mäkynen. Auch in Hinwil war der französische Detailhandelsriese Carrefour einer der Auslöser dieser Entwicklung (ehe sich der Konzern aus der Schweiz verabschiedete).

Im Gegensatz zu den echten Einkaufszentren sind Zonen mit Big Boxes nicht durchgeplant, die Ansammlung entsteht sozusagen spontan. «Die Politik hat da einen sehr geringen Einfluss», sagt Mirjam Niemeyer. «Der Standortentscheid wird von den Unternehmen im Einverständnis mit der Politik gefällt, wobei vor allem die gute Erreichbarkeit und ein grosses Einzugsgebiet wichtig sind.» Mit den regionalen Infrastrukturen wie Kehrichtwerk und Schlachthof war der Beweis bereits erbracht, dass Hinwil das geografische Zentrum einer bedeutenden Region ist, auch wenn die Gemeinde selber mit nur knapp 10 000 Einwohnern keinen städtischen Charakter hat und auch nicht als Verkehrsknoten gilt.

Alles bestens – für die Autofahrer

Unversehens wurde Hinwil zu einem Einkaufsziel, wobei nicht das Dorf gemeint ist, sondern die Industrie- und Gewerbezone Wässeri ausserhalb des Kerns. Für diesen Standort spricht die gute Erschliessung. Zumindest für den Autoverkehr, der öffentliche Verkehr hat wenig zu bieten in der Wässeri. Der Bus, der Hinwil mit Wetzikon verbindet, kann nicht einmal den Anschluss an die S-Bahnen in Wetzikon garantieren, weil er oft im Stau stecken bleibt. Die S-Bahn fährt zwar in Sichtdistanz an den Supermärkten vorbei, eine Haltestelle in der Nähe ist aber gegenwärtig erst angedacht und wird sich nicht so schnell realisieren lassen, auch wenn das S-Bahn-Netz in der kantonalen Raumplanung eine zentrale Rolle spielt. Die Parkplätze zwischen den Big Boxes sind dafür kostenlos.

Was zieht denn die Kunden aus dem ganzen Zürcher Oberland und den Nachbargemeinden im Kanton St. Gallen so magnetisch nach Hinwil? Ein Shopping-Erlebnis wie in einem richtigen Einkaufszentrum kann es nicht sein, das Wässeri-Quartier ist keine Attraktion. Mirjam Niemeyer erklärt sich das Phänomen mit dem Lebensstil der Agglomerationsbewohner: «Im Gegensatz zu den Stadtbewohnern finden sie nicht den ganzen Bedarf vor der Haustür, sie sind gewohnt, zum Einkaufen Wege zurückzulegen und sind daher mobiler als die Städterinnen und Städter. Da sie trotzdem möglichst viel Auswahl haben möchten, fahren sie zu den grossen

Supermärkten.» Darunter leiden die Läden in den Dörfern, man spricht vom «Lädelisterben», ausserdem entstehen Verkehrsströme, die zu gewissen Zeiten schon jetzt die Hauptstrassen rund um Hinwil überlasten.

Wie sieht sich Hinwil selber?

Für die Gemeinde ergeben sich aus dem Erfolg der Wässeri aber auch Identitätsprobleme. Die Wässeri in Hinwil ist ungewollt zu einem regionalen Zentrum geworden, hat die Rolle übernommen, welche in der kantonalen Planung eigentlich Pfäffikon ZH oder Wetzikon zugedacht war. Unter dem Titel «Wohin will Hinwil?» wird gegenwärtig mit Expertenbefragungen und Bevölkerungsumfragen erkundet, wie sich das Dorf in Zukunft definieren möchte.

Auch der Kanton Zürich ist daran, sein Raumordnungskonzept zu aktualisieren. Im grossen Übersichtsplan des Kantons ist Hinwil nicht einmal eingezeichnet, zwischen den Städten mit Metropolfunktionen, Zürich und Rapperswil-Jona, sind Wetzikon, Uster und Dübendorf regionale Schwerpunkte. Der «Lebensraum Zürich» geht aus Sicht der Raumplaner weit über die Kantonsgrenzen hinaus, rund um den oberen Zürichsee. Die traditionellen politischen Grenzen haben aufgehört, eine Rolle für die wirtschaftliche Entwicklung zu spielen. Zwischen die Städte und Kleinstädte mit zentralen Funktionen und die Dörfer sind neue Einheiten getreten. «Es ist eine neue Raumgliederung sichtbar», sagt Mirjam Niemeyer.

Neben den Kleinstädten sind die Big-Box-Standorte zu Kernen von Räumen geworden. Niemeyer und Mäkynen nennen die aus diesen Entwicklungen heraus entstehenden neuen Verbände «Mannschaften», die sich auch als solche verstehen sollten. Mannschaftsdenken, sagen die Forschenden, bedeutet ja, dass nicht mehr jeder nur für sich selber schaut, sondern dass man als Team handelt. Dass Gemeinden beispielsweise Aufgaben teilen: hier die typischen Einfamilienhaussiedlungen, dort die Einkaufsmöglichkeiten, hier die kulturellen Angebote, dort die Sportanlagen. Natürlich erleichtern die hergebrachten politischen Grenzen und Entscheidungsstrukturen eine solche Zusammenarbeit nicht, vor allem dann, wenn – wie gleich neben Hinwil – auch noch eine Kantonsgrenze vorhanden ist.

«Immer wieder wurde versucht, Entwicklungen wie in Hinwil zu verhindern», sagt Tommi Mäkynen. «Aber das geht nicht.» Es geht erst recht nicht, wenn jede Gemeinde ihre eigenen Interessen verteidigt. Mannschaftsdenken würde bedeuten, dass man die Entwicklung akzeptiert und die Chancen, die sich ergeben, gemeinsam nutzt. Man könnte die Funktionen Wohnen, Arbeiten, Einkaufen und Freizeit kombinieren, schlagen Niemeyer und Mäkynen vor. Für den konkreten Fall Hinwil haben sie sich Vorschläge ausgedacht. Die Voraussetzungen in der Wässeri sind ideal, es gibt zahlreiche baureife Areale, ein Teil der Infrastruktur ist bereits vorhanden, die Kundinnen und Kunden kennen den Ort.

Der Wässeri fehlt ein Gesicht

Was fehlt, ist zum Beispiel eine gute Anbindung an den öffentlichen Verkehr und Verbesserungen für Velofahrer und Fussgänger. Die Wässeri sollte zudem ein Gesicht bekommen und etwas städtisches Flair. Dazu schlagen Niemeyer und Mäkynen vor, die Wässeristrasse zur Flaniermeile umzugestalten und die Haupteingänge der Geschäfte auf diese Seite der Gebäude zu verlegen. Die wenig attraktiven Rückseiten könnten dann zu architektonisch anspruchsvolleren Fassaden umgestaltet werden. Platz für Grünzonen wäre vorhanden, der heutige Unort würde zum Verweilen einladen, hätte städtebauliche Qualitäten, könnte auch Erholungsfunktionen anbieten.

Neue Nutzungen wären gut möglich in dem Gebiet, das noch einige Raumreserven bietet. Zum Beispiel könnten Wohnbauten erstellt werden, womit das Quartier auch ausserhalb der Geschäftsöffnungszeiten mit Leben erfüllt wäre. Auch der Einbezug von Gastronomie- und Unterhaltungsbetrieben oder Kulturlokalen würde passen. Sporteinrichtungen von regionaler Bedeutung hätten ebenfalls Platz. Ein Business-Campus liesse sich realisieren, mit Business-Lofts, Cafés, Bars, Diskotheken, oder es könnte preisgünstiger Büro- und Laborraum für Jungunternehmen geschaffen werden.

Die beiden Architekten glauben, es wäre möglich, hier einen sogenannten Central Business District zu bilden. Dessen Funktionen gingen dann weit über das hinaus, was die jetzige Industrie- und Gewerbezone zu bieten hat. Voraussetzung wäre allerdings, dass sich die wichtigsten Beteiligten, Unternehmer und Behörden sowie die verantwortlichen Planenden zu einer Interessengemeinschaft zusammenfinden, um diese Entwicklung zu fördern. Dann bestünde sehr wohl die Chance, eine in der heutigen Form nicht geliebte Nutzung des Geländes in eine zukunftsfähige städtebauliche Vision zu verwandeln.

Mischen statt trennen

Die Mischung von Nutzungen wie Industrie, Wohnen, Einkaufen und Freizeit ist heute noch verpönt in der Raumplanung. Doch Tommi Mäkynen sieht eine Trendwende: «Die Trennung der Funktionen war einmal geradezu eine Ideologie. Heute sucht man wieder vermehrt die Mischung.» Die Industrie sei eben nicht mehr laut und stinkend wie früher, man dürfe modernen Fabriken mehr Nähe zu anderen Quartieren erlauben. Mirjam Niemeyer meint: «Heute herrscht eher die Überzeugung, dass Wohnen und Arbeiten nicht getrennt werden sollten.» Wohnhäuser in der Wässeri wären grössere Komplexe, zum Teil vielleicht sogar mit integriertem Service, die Bewohner wären städtisch orientiert, vielfach Pendler, Leute, die nicht den rustikalen Charme des Zürcher Oberlandes suchen, sondern die Nähe zur S-Bahn und zu guten Dienstleistungsangeboten.

Die Konzentration von Freizeit- und Sportanlagen könnte die Wässeri zu einem regionalen Treffpunkt machen und wäre gleichzeitig der Beitrag der Gemeinde Hinwil zur Funktionsaufteilung in der regionalen Mannschaft. Wobei man sich die Mannschaften als sehr bewegliche Organe vorstellen muss: Anders als bei fixierten politischen Einheiten könnten sich die Beteiligten je nach Aufgabe anders organisieren, beim Gesundheitswesen müssten nicht die gleichen Zentren die Funktionen übernehmen wie bei der Kultur, Sportanlagen wären anders zu platzieren als Bildungseinrichtungen.

«Während man in der Schweiz vom ‹Lädelisterben› spricht, wird in Nordamerika bereits das Aussterben der Big Boxes diskutiert», sagt Tommi Mäkynen. Bei der Entwicklung einer Region und ihrer Zentren müsse man daher jetzt vorausdenken und Innovationen erwägen. Andernfalls laufe eine Gemeinde Gefahr, in absehbarer Zeit nicht mehr zukunftsfähig zu sein. Die Wässeri in Hinwil liegt zwar günstig, aber die Konkurrenz ist nahe: Rapperswil-Jona mit seinem kompletten Angebot und dem Reiz einer historischen Stadt, Pfäffikon SZ mit einem der grössten Einkaufszentren, ergänzt durch den Freizeit- und Sportpark Alpamare, Volketswil mit dem Volki-Land und den angrenzenden neuen Wohngebieten und nicht zuletzt die Metropole Zürich, die mit der S-Bahn leicht zu erreichen ist. Hinwil hat seine Trümpfe: Die geografische Situation, vor allem aber einen guten Vorrat an Bauland, der eine Entwicklung noch zulässt. Das ist nicht wenig in der Agglomeration Zürich mit ihren hoch verdichteten Siedlungsräumen.

Das Forschungsprojekt «Big-box-Cluster als Katalysatoren: Beispiel Hinwil» wurde durchgeführt von: Tommi Mäkynen und Mirjam Niemeyer, ETH Zürich, Departement Architektur, NSL Netzwerk Stadt und Landschaft, Professur Kees Christiaanse, ISB Institut für Städtebau.
Der Forschungsbericht findet sich im E-Book auf www.s5-stadt.ch.

Grenzen und Ränder

Das Forschungsgebiet gehört zu jenen schweizerischen Regionen, die derzeit am stärksten überbaut werden: Das ehemalige Streusiedlungsgebiet wird immer städtischer. Eigentlich paradox, denn viele der Menschen, die dort wohnen oder hinziehen, tun dies genau deshalb, weil sie nicht in der Stadt, sondern lieber «draussen», in der Nähe der Natur leben wollen.

Vom Sinn eines Perspektivenwechsels

Eine nachhaltige Zukunft

Was Behörden, Planer und Bewohner tun können

Thea Rauch-Schwegler

Die wachsenden Ansprüche jedes einzelnen Menschen an den Wohnkomfort und die Mobilität reduzieren in der Schweiz den knappen Boden rasant. Dies trifft insbesondere für die Agglomeration zu. Wie können wir die heute geschätzten Qualitäten dieses Lebensraums auch für die nächsten Generationen bewahren? Eine nachhaltige Raumentwicklung und eine vorausschauende Planung sind nötig. Aber was heisst das genau?

Das S5-Stadt-Projekt liefert Hinweise auf Strategien und Massnahmen zur Förderung einer zukunftsfähigen Entwicklung des erforschten Agglomerationsraums. Um in diesem komplexen Feld einen besseren Überblick zu erlangen, stützen wir uns auf ein Nachhaltigkeitsmodell, das sogenannte Fünf-Ebenen-Modell, das von der erdgeschichtlichen Entwicklung ausgeht (vgl. Abb., S. 104).

Wer sich ein gesamtheitliches Bild von den Auswirkungen unseres Handelns machen will, muss (möglichst) alle Entwicklungsebenen betrachten. Ein Beispiel zur Illustration: Die Überdüngung des Greifensees durch Phosphate (chemisch-physikalische Ebene) ist ein wichtiger Grund für das Fischsterben (biologische Ebene). Um sinnvolle Massnahmen zu ergreifen, sind die Rahmenbedingungen aller Ebenen zu beachten: die schlechten Arbeitsbedingungen für den Abbau der Phosphatgesteine in den Herkunftsländern der Dritten Welt (human-individuelle Ebene), die zerstörten Landschaften und Ökosysteme (chemisch-physikalische und biologische Ebene) sowie die katastrophalen wirtschaftlichen Verhältnisse (sozio-ökonomische Ebene), die in den ehemaligen Abbaugebieten zurückgelassen werden. Diesen Folgen des Abbaus muss die Steigerung der Nahrungsmittelproduktion in der Schweiz durch relativ günstige Düngemittel (human-individuelle und sozio-ökonomische Ebene) gegenübergestellt werden. Der Entscheid, ob der Dünger in gleichem Mass weiterverwendet werden darf oder verboten werden muss (kulturelle Ebene), hängt von den langfristigen Folgen ab, die diese Beurteilung auf allen Ebenen für die nächsten Generationen hier und im Herkunftsland der Phosphate hat. Für die Raumplanung können wir ähnliche Überlegungen anstellen.

Die heutige Situation in der Agglomeration am Fusse des Bachtels

Die Untersuchungen in der Region zeigen, dass die Bewohnerinnen und Bewohner die Qualität ihres Lebensraums als hoch einstufen und persönlich sehr zufrieden sind (human-individuelle Ebene). Die Menschen schätzen das gute Angebot an grossen und relativ günstigen Wohnungen in ruhigen Wohnlagen. Dabei legen sie Wert auf besonders grosszügige Aussenräume zwischen den Wohnbauten, den Blick ins Grüne und Sitzplätze im Freien. Sie bezeichnen die schnelle Erreichbarkeit von idyllischen Natur- und Naherholungsräumen wie Seen, Moorgebieten oder Wäldern als Privileg. Die Bewohner pro-

chp = chemisch-physikalische Ebene

b = biologische Ebene

h = human-individuelle Ebene

s = sozio-ökonomische Ebene

k = kulturelle Ebene

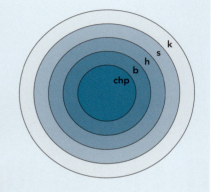

Fünf-Ebenen-Modell der Nachhaltigkeit
Das Modell bildet die stufenweise Entwicklung unserer Erde ab von der Entstehung der Elemente, wie zum Beispiel des Wassers (chp), über diejenige von Pflanzen, Tieren (b) und Menschen (h) bis zur Ausbildung unserer sozio-ökonomischen Systeme (s) und der kulturellen Errungenschaften (k). Die Entwicklungsstufen werden als Ebenen bezeichnet. Alle Ebenen bestehen aus jeweils miteinander vernetzten und voneinander abhängigen Systemen.

fitieren zwar vom grosszügigen Wohnflächenangebot, sehen aber durch die stetige Siedlungsausdehnung die speziellen Qualitäten ihres Lebensraums wie Ruhe, Distanz und Aussicht beeinträchtigt.

Auf der sozio-ökonomischen Ebene bescheinigen die befragten Unternehmen der Region eine hohe Standortqualität. Die Infrastruktur für den öffentlichen und den Individualverkehr ist gut ausgebaut und hat die Distanzen zwischen den Gemeinden und nach Zürich stark verkürzt. Dadurch hat sich der Raum auch wirtschaftlich schnell entwickelt. Die negativen Folgen dieses Prozesses sind das zunehmende Verkehrsaufkommen und die damit verbundenen Staus sowie die Lärm- und Feinstaubemissionen. Dies führt zu einer Verminderung der geschätzten Qualitäten der Region.

Viele Investoren kalkulieren vor allem den höheren wirtschaftlichen Gewinn aus der Erstellung von Wohnbauten auf günstigem Land und die steuerlichen Vorteile. Soziale und kulturelle Einrichtungen oder eine gute Durchmischung der Bewohnerschaft, die sorgfältige Gestaltung der halböffentlichen Aussenräume und das Erscheinungsbild des Ortes sind für sie dagegen oft zweitrangig. Dies schadet dem Gemeinde-Image und widerspricht einer langfristigen Denkweise.

Die meist städtisch geprägten Neuzuzügler zeigen ihrerseits meist eine geringe Bereitschaft, sich in ihrer Siedlung oder Wohngemeinde zu integrieren und zu engagieren. Die Folge davon ist eine zunehmende Bedeutungslosigkeit der nachbarschaftlichen Beziehungen (sozio-ökonomische Ebene) und eine steigende Anonymität in den ehemals klar strukturierten Dorfgemeinschaften.

Das Bedürfnis nach immer grösserer Mobilität zerstückelt und versiegelt die Landschaft (chemisch-physikalische Ebene). Dies vermindert die unversehrten Naturräume sowie die Tier- und Pflanzenpopulationen (biologische Ebene) und beeinträchtigt die Qualität sowie die Attraktivität der Naherholungsgebiete für die Erholungsuchenden. Eine positive Folge der in der Agglomeration vorherrschenden lockeren Bebauung mit grossen Gärten kann eine höhere Biodiversität sein – aber nur dann, wenn die Gärten naturnah gestaltet und gepflegt werden. Sie erfüllen zusammen mit grösseren, miteinander verbundenen und qualitativ hochstehenden Naturräumen zwischen den Gemeinden für viele Pflanzen- und Tierarten eine wichtige Vernetzungsfunktion.

Zukünftige Planung

Wo soll nun die zukünftige Planung den Hebel ansetzen, um eine nachhaltige Entwicklung zu erreichen? Grundsätzlich ist die Anpassungsfähigkeit an neue Gegebenheiten von grosser Bedeutung. Dies gilt für Menschen, Tiere und Pflanzen.

Um eine zukunftsfähige Entwicklung zu erleichtern, sind die sogenannten Resilience-Faktoren bei Behörden, Planenden und Bewohnern zu fördern. Einer dieser Faktoren ist die Fähigkeit, langfristig zu denken. Ein gutes Beispiel dafür bietet die Gemeinde Bubikon, die bereits 2002 eine Nachhaltigkeitsstrategie festgelegt hat, um der Umwelt mehr Sorge zu tragen und die gesellschaftlichen sowie die wirtschaftlichen Qualitäten langfristig zu verbessern. Ein weiterer Faktor liegt im lösungsorientierten Lernen von anderen, wie dies das neue Kompetenzzentrum Regionalplanung Zürich und Umgebung (RZU) vollzogen hat. Die Verantwortlichen haben von der «Interkommunalkonferenz» gelernt, wie ein entscheidungsstarkes überregionales Planungsgremium gebildet werden kann. Ebenfalls wichtig ist die Entwicklung von Netzwerken, wie sie beispielsweise die Stiftung Greater Zurich Area AG für ein gemeinsames Standortmarketing geschaffen hat. Problemlösungen verlangen immer auch eine erhebliche Innovationsfähigkeit, die Bewahrung von Traditionen und ihre Kombination mit zeitgenössischen Neuerungen. Ein gutes Beispiel dafür liefert die Stadt Rapperswil mit ihrem modernen Stadtmuseum im alten Stadtkern. Letztlich können auch Gesetze und selbstorganisierte Gemeinschaftsaktivitäten bei einer Neuorientierung helfen. Nicht zu unterschätzen ist das Engagement von Einzelpersonen für die Gemeinschaft.

Strategien und Massnahmen innerhalb von Gemeinden...

Auf der Suche nach zukunftsweisenden Strategien und Massnahmen für eine nachhaltige Raumentwicklung lassen sich aus den Teilprojekten einige Vorschläge ableiten.

Eine aktive Siedlungspolitik der Gemeinden könnte die städtebaulichen Qualitäten verbessern. Die sorgfältige Planung von öffentlichen Räumen trägt wesentlich zur Aufwertung der (städte)baulichen Qualität bei. Volketswil hat dies beispielsweise erkannt und schafft mit der Neugestaltung des Dorfplatzes und der Integration des Freitagsmarktes ein neues Bindeglied zwischen den Quartieren. So könnte mit einer «Vergrünungsregel» auch im Industrie- und Einkaufszentrum Hinwil eine Qualitätssteigerung erreicht werden. Auch private Investoren können durch die stärkere Gewichtung von ansprechend gestalteten halböffentlichen Räumen einen wesentlichen Beitrag zu einem attraktiven Gemeindebild leisten. Für eine langfristige Planung könnte ihnen die erprobte ESI-Immobilienbewertung der Universität Zürich diesbezüglich gute Dienste leisten. Indem private Investoren eine billige Allerweltsarchitektur vermeiden, können sie den spezifischen Charakter einer Gemeinde fördern und das Risiko künftiger Leerstände vermindern.

Mit der Etablierung eigener Schwerpunkte in kulturellen und sozialen Bereichen oder durch abwechslungsreiche Aussenräume kann eine Gemeinde ihr eigenes, besonderes Image entwickeln. Solche Unique Selling Propositions (USP) beziehungsweise komparativen Angebotsvorteile sind heute bereits vereinzelt zu erkennen. Bubikon hat beispielsweise interessante Natur- und Erholungsräume anzubieten und verfolgt mit seiner Nachhaltigkeitsstrategie langfristige Ziele. Rapperswil-Jona hat sich als Tourismus- und Kulturzentrum einen Namen geschaffen. Lösungen für die drängenden Verkehrsprobleme werden durch eine überregionale Zusammenarbeit der Behörden gesucht. Das Regionalzentrum Uster ist bestrebt, seinen städtischen Charakter durch Verdichtung nach innen zu verstärken und zugleich die Natur möglichst direkt vor der Haustüre zugänglich zu machen. Ein hervorragendes Beispiel ist das ökonomisch rentable Neubau- und Umnutzungsprojekt «Im Lot». Auf dem Gelände der ehemaligen Baumwollspinnerei wurden die Naturräume in die Planung einbezogen. Die Siedlung ist stark auf den Aabach-Kanal ausgerichtet, und eine kleine Badeanstalt mit Wiese dient im Sommer als Treffpunkt. Die Bauten wurden so geplant, dass ein Mix in der Bewohnerstruktur möglich wurde: Kleine Wohnungen für Einzelpersonen, grosse Familienwohnungen sowie luxuriöse Lofts und Atelierräume ziehen Menschen verschiedensten Alters und aus unterschiedlichen sozialen Schichten an. Beim Projekt arbeiteten Investor und Stadt eng zusammen.

... und gemeindeübergreifend

Sowohl innerhalb der Gemeinden als auch gemeindeübergreifend ist jede einzelne Person – Bewohnende, Investoren, Unternehmer, Behörden, Politiker – gefordert, sich als Teil einer grösseren vernetzten Gemeinschaft zu verstehen und entsprechend zu handeln. Konkret heisst das, die Planung in der untersuchten «S5-Stadt» darf nicht bei der Gemeindeperspektive verharren. Ohne Blick auf die Gesamtzusammenhänge ist keine zukunftsfähige Entwicklung möglich. Dazu ist mehr Wissen zu vermitteln. Einerseits sind die Politiker und die Behörden dazu angehalten, kurzfristiges Konkurrenzdenken aufzugeben. Andererseits ist auch jede Einzelperson zu ermutigen, sich stärker an Planungsprozessen zu beteiligen.

Für eine Gesamtsicht sind vermehrt Kooperationen und die Erarbeitung gemeinsamer Strategien über administrative Grenzen und heutige Raumplanungseinheiten hinweg nötig. Das Zusammenwachsen von Gemeinden hat aber mit klaren regionalen Qualitätszielen zu erfolgen. Finanzielle Anreize und ein regionaler Finanzausgleich für kommunale Arbeitsteilungen könnten solche Kooperationen oder gar Fusionen fördern.

Manchmal muss dem Gemeinwohl und der Durchsetzung einer grossräumigen Planung auch mit rechtlichen Mitteln zum Durchbruch verholfen werden. So können beispielsweise die Durchsetzung einer restriktiveren Bewilligungspraxis des Kantons oder die kantonale Festlegung von Zonen für publikumsintensive Nutzungen hilfreich sein. Finanzielle Anreize wie die Einführung handelbarer Flächenzertifikate könnten den interkommunalen Konkurrenzkampf abfedern. Ein «Nicht-Wachstum» gewisser Gemeinden wäre durch Ausgleichszahlungen für die Optimierung der regionalen Zusammenarbeit kompensierbar. Andere Steuerungsinstrumente bieten bestehende Modelle für Erbpacht zusammen mit einer griffigen Bodenstrategie der Gemeinden oder die Rückbesinnung auf den neu zu belebenden Allmende-Gedanken.

Letztlich könnte es zweckmässiger sein, die Raumplanung und die Entwicklung nicht mehr vom Siedlungsraum aus zu denken, sondern aus der Perspektive der unbebauten Frei- und Naturräume anzugehen. Noch sind genügend grosse Naturräume und Naherholungsgebiete vorhanden. Die Ausdehnung der Siedlungen lässt sie aber schnell schrumpfen, und der Bau weiterer Strassen wie zum Beispiel der (Zürcher) Oberlandautobahn durch das Naturschutzgebiet zwischen Hinwil und Wetzikon würde die Landschaft noch stärker zerstückeln. Zusätzliche Strassen reduzieren die natürlichen Lebensräume, die Artenvielfalt und letztlich die geschätzte Landschaftsvielfalt.

Ein Perspektivenwechsel verändert die Planung

Damit wäre ein Perspektivenwechsel zu fordern, der die Naturräume nicht mehr zu Resträumen degradiert, sondern sie als zentralen Ausgangspunkt der Raumplanung in der Agglomeration einsetzt. Begründet wird diese Forderung damit, dass die Naturräume als Alltagslandschaften nicht nur von der Bevölkerung der Agglomeration geschätzt werden, sondern auch für die Erholungsuchenden aus der Kernstadt ein bedeutendes Naturerlebnisreservoir darstellen. Als Massnahmen wären beispielsweise denkbar: die Schaffung von Grüngürteln zwischen Siedlungsgebieten als Lebensräume für Pflanzen- und Tierpopulationen oder das Anlegen von zusätzlichen Seen als wichtige Naherholungsorte. Die Etablierung von «AgglOasen» oder eines regionalen Naturparks mit Tourismusattraktionen beziehungsweise eines noch zu definierenden «Aggloparks» ist ebenfalls zu diskutieren.

Das Forschungsprojekt «Eine nachhaltige Zukunft für die S5-Stadt: Was Behörden, Planer und EinwohnerInnen tun können» wurde durchgeführt von: Thea Rauch-Schwegler, ETH Zürich, Departement Architektur, Architektur und Konstruktion, Professur Andrea Deplazes.
Der Forschungsbericht findet sich im E-Book auf www.s5-stadt.ch.

In weiten Räumen denken
Ein Nachwort, geschrieben auf dem Boden der Tatsachen

Die Idee der Bodenkarte stammt von Engelbert Nussbaum. Ich war skeptisch, ob eine grosse Flugaufnahme Attraktion genug sein könne. «Wir sind ein Shopping-Center, es muss ganz einfach sein und Spass machen», sagte Nussbaum, Chef des Einkaufszentrums Volki-Land in Volketswil. «Wir treten unter dem Namen ETH auf, und zu banal darf es nicht sein», gab ich als Vertreterin des S5-Stadt-Projekts zu bedenken. Eines unserer Ziele war der «Transfer»: der Transport des Forschungswissens zur Bevölkerung. Transfer zurück in die Region, in der wir gearbeitet hatten. Meine Aufgabe bestand darin, diesen Transfer zu konzipieren und zu koordinieren.

Als wir beim Leiter des Einkaufszentrums anfragten, ob er sich als Sponsor engagieren wolle, war die Antwort, dass er keinen Franken ausserhalb des Shopping-Centers investieren könne, wohl aber, wenn wir als Veranstalter in sein Haus kämen. Das 25-jährige Volki-Land steht am Rand der Gemeinde in einer typischen Big-Box-Zone. Riesige Parkplätze und viele grosse architektonische Kisten mit Einkaufszentren, Outlets, Do-it-yourself- und Garten-Paradiese prägen die Umgebung. Einen für die Agglomeration typischeren Ort als die Mall dieses Einkaufszentrums lässt sich kaum denken. Das S5-Stadt-Projekt nahm die Einladung an und startete auf diesem urbanen «Dorfplatz» seine Veranstaltungsreihe. In der Mitte der Halle die 130 Quadratmeter grosse Bodenkarte, die Fläche einer Fünf-Zimmer-Wohnung.

Vogelschau auf die Region

Die ganze Region auf einem gestochen scharfen Flugbild: Zusammengesetzt ist die Bodenkarte aus 110 Einzelbildern mit Daten des Bundesamtes für Landestopografie. Jeder Verkehrskreisel und jedes Schrebergartenhäuschen ist zu erkennen. Die Karte spricht die spielerisch-kindliche Seite der Menschen an. Es ist erlaubt, darauf herumzuspazieren wie im «Swissminiatur». Zuerst suchen die meisten ihr eigenes Zuhause, dann ihre Schule, ihren Arbeitsplatz und die bekannten Wege dazwischen. Dann wird der Blick frei für die weitere Umgebung.

Die Bodenkarte, die im Zentrum des Eröffnungsabends stand und anschliessend während mehrerer Wochen im Volki-Land zu sehen war, avancierte im Lauf der Monate zum heimlichen Star des S5-Stadt-Projekts. Es wurde eine Outdoor-taugliche und mehrfach nutzbare Version der Karte produziert, die zuerst in der realSite, einer Immobilienmesse in Zürich, zu liegen kam. Nächster Standort war der Platz vor dem Stadthaus in Uster, auf dem jeweils der Wochenmarkt stattfindet. Nach Abschluss unseres Projekts wird die Karte in der neu gestalteten Pausenanlage des Schulhauses Pünt in Uster installiert.

Erst wenn die Bagger auffahren, interessieren sich die Leute

Eine breite Diskussion zur nachhaltigen Entwicklung einer Region auslösen zu wollen, ist ein hoher Anspruch. Zu hoch? Bleiben wir auf dem Boden der Tatsachen: Das Thema wird von der Bevölkerung und der Politik als wenig dringlich wahrgenommen. Über die Entwicklung und die Zukunft einer Region zu diskutieren ist komplex, wenig emotional und selten kontrovers. Das Thema zu vermitteln, ist schwierig, weil Prozesse wie die Zersiedelung langsam voranschreiten. Man interessiert sich erst für Zonenpläne, wenn die Bagger auffahren und die eigene Aussicht von einem Neubau bedroht wird.

Thomas Sieverts, wissenschaftlicher Koordinator des S5-Stadt-Projekts, konstatiert: «Es gibt ein Bewusstsein für die klassischen Städte und für ländliche Regionen und deren Schutz. Die Agglomeration hingegen hat einen schweren Stand. Sie wird, wenn überhaupt, nur emotionslos wahrgenommen und nur dann ausschnittweise gesehen, wenn man etwas braucht.» Eine Diagnose, die bedenklich ist für eine Siedlungsform, in der die Hälfte der Schweizerinnen und Schweizer lebt. Von aussen werden die Qualitäten der Agglomeration nicht bemerkt, und von innen wird übersehen, dass es die Agglomeration überhaupt gibt. Die Bewohner und Bewohnerinnen sehen sich primär als jemanden, der auf dem Land oder in der Gemeinde soundso wohnt. Wer eine Diskussion über die Region anregen möchte, muss die Agglomeration erst einmal zum Thema machen. Sieverts gibt zu bedenken: «Nur wenn etwas im Bewusstsein ist, lässt sich darüber reden, lässt es sich gestalten und in eine nachhaltige Zukunft führen.» Hier knüpften die Transferveranstaltungen des Projekts an. Sie versuchten, die Lust der Bewohnerinnen am Wahrnehmen und Sich-Beteiligen zu wecken. Sie waren eine Einladung zu Entdeckungsreisen nach Suburbia!

Ein Thema auf der Agenda, ein Thema für die Jugend

Neben klassischen Fachveranstaltungen mit Referaten und Podien waren Jugendliche und jugendliche Erwachsene eine wichtige Zielgruppe für den Transfer. Wir wollten sie am Erkunden der Agglomeration beteiligen: Schulklassen aus dem Kanton waren zu Fotoworkshops eingeladen, wo es am Beispiel von Wetzikon etwas zur Siedlungsgeschichte des Kantons zu erfahren gab. Architekturstudierende der ETH Zürich befassten sich mit den Innen- und Aussenräumen von Shopping-Centern. Maturanden schrieben ihre Abschlussarbeiten zu einzelnen Facetten der Region, und rund 30 Gymnasiasten des Liceo Artistico gestalteten Semesterarbeiten zu Aspekten des Wohnens und der Städteplanung in Uster. Studierende der Umweltbildung von der ZHAW Wädenswil hatten die Gelegenheit, Exkursionen zu selbst gewählten Themen anzubieten. Grafiklehrlinge beschäftigten sich mit der Agglomeration und entwarfen im Rahmen eines Wettbewerbs das Corporate Design für das S5-Stadt-Projekt.

Die Frage, wie sich Agglomerationen entwickeln und in welche Richtung diese Entwicklung gehen soll, wird auch weiterhin zu Diskussionen führen. Dass wir mit dem Thema und den Transferveranstaltungen auf der richtigen Spur waren, bestätigen andere Ausstellungsprojekte, die sich in letzter Zeit mit raumpolitischen Themen an eine breite Öffentlichkeit wandten: «Metropoly. Die urbane Schweiz» (Wanderausstellung, Verein Metropole Schweiz), «Von der Talschaft zur attraktiven Voralpenstadt» (Schwyz, Forum der Geschichte), «StadtLandschaft» (Gewerbemuseum Winterthur), «Stadt vor Augen, Landschaft im Kopf» (Naturama Aarau) oder «Wie bist Du so schön. 50 Jahre Thurgauer Siedlung und Landschaft im Wandel» (Wanderausstellung, Naturmuseum Thurgau). Auch die 2007 eingereichte und derzeit in den Räten diskutierte Landschaftsinitiative will die Bevölkerung für Zersiedelung und Raumplanung sensibilisieren.

Meine kleine AgglOase

Zurück zur Bodenkarte: Wir baten die Besucherinnen und Besucher des Shopping-Centers, uns auf der Bodenkarte ihren Lieblingsort zu zeigen und zu schildern, was sie mit diesem Ort verbinden. Über sechshundert Antworten – vom Hangar der JU 52 über den Wildnispark bis zum Bänkli am Waldrand – trafen ein. Auffallend dabei, wie häufig ein Platz im Freien als Lieblingsort genannt wird. Das kann der eigene Balkon oder ein Sportplatz sein. Für die meisten ist es ein Ort in der Natur, eine persönliche Oase der Ruhe und Erholung.

Ich habe zwei Lieblingsorte. Eine Cafébar in Uster, im Zentrum nahe beim Bahnhof mit Zeitungen, Espresso und feinen Suppen, wo ich mich während meiner Reisen für das S5-Stadt-Projekt öfters zu kleinen Pausen zurückgezogen habe. Für mich ein Ort mit urbanen Qualitäten. Bei einer Führung aus unserem Programm habe ich meinen zweiten Lieblingsort kennengelernt: einen Aussichtspunkt oberhalb des Ritterhauses bei Bubikon, von dem aus sowohl die Linthebene wie auch das Zürcher Oberland zu sehen sind, wo der Bachtel ein markantes Gegenüber bildet und die Alpen einen prächtigen Horizont zeichnen. Hier habe ich die Region und ihre Struktur aus einer für mich neuen Perspektive gesehen und verstanden.

Das kam in verschiedenen unserer Forschungsprojekte zum Ausdruck: Orte in der Natur und behagliche Aussenräume sind zentral für das Wohlgefühl, die Identifikation und somit für die Zukunft der Region. AgglOasen – Naturräume in grossen Massstäben – sollen nun der Ausgangspunkt sein, um die Zukunft der Agglomeration zu planen. Ihnen soll in der Raumplanung und in der Architektur mehr Aufmerksamkeit gewidmet werden.

Das S5-Stadt-Projekt war eine Einladung, ausgehend von den kleinen persönlichen AgglOasen in weiten Räumen zu denken, den eigenen Lebensraum neu zu entdecken und sich Gedanken über dessen Zukunft zu machen. Ich bin gespannt, welches Bild eine Bodenkarte in 20 oder 30 Jahren zeigen wird.

Elke Wurster
Leitung Transfer im S5-Stadt-Projekt
ETH Wohnforum – ETH CASE
ETH Zürich

Lieblingsorte
Auswahl aus 600 Einsendungen

Pfäffikersee: Ich wuchs am Pfäffikersee auf. Als Knabe glitt ich mit meinen Örgelischlittschuhen über den See, obwohl das Eis nur sechs Zentimeter dick war. Die Eltern wussten nichts davon, und ich hatte sehr viel Glück und einen Schutzengel, sonst könnte ich das nicht mehr schreiben. *E.B., 67, m.* **Unser Swimmingpool, Bubikon:** Jedes meiner drei Kinder ist einmal ungewollt in unseren Pool gefallen – aber jedes nur einmal. Ein toller Erziehungserfolg ohne grossen Aufwand. *J.S., 46, m.* **Römerkastell in Pfäffikon:** Mein damaliger Noch-nicht-Ehemann mit Krücken, das Bein im Gips. Ich damals Noch-nicht-Ehefrau mit Krücken, Fuss im Gips, trafen uns zufällig dort. Wir heirateten später, vor 21 Jahren. *H.K., 51, w.* **Haus in Volketswil, wo ich die ersten 20 Jahre meines Lebens gewohnt habe:** Ich pflanze dort heute noch Kartoffeln, obwohl das Haus leer steht. Das ist gut für die Gesundheit, so muss ich nicht in die Bewegungstherapie. *E.K., 78, m.* **Mein eigenes Zuhause in Volketswil:** Ich kann auf dem Fenstersims sitzen und den Sonnenuntergang geniessen. *M.S., 17, w.* **Bänklein auf dem Sternenberg:** Dort habe ich der Liebe meines Lebens ganz tief in die Augen geschaut, und das war noch schöner als der Ort mit allem drum und dran. Einfach einmalig und unvergesslich! *A.H., 49, m.* **Bank beim Hafen von Greifensee:** Wir machen bei fast jedem Wetter unseren Sonntagsspaziergang von Uster nach Greifensee via Tumingerhof. In Greifensee trinken wir gemütlich einen Kaffee und essen ein Stück Kuchen. *R.K., 73, m.* **Balkon der eigenen Wohnung im 5. Stock:** Brütende Enten haben zwei Küken verloren – Rettung, indem wir sie zum Vogelheim brachten. *C.L., 29, m.* **Bänkli zwischen Bäretswil und Hinwil:** Obwohl das Bänkli an der Strasse steht, ist es an einem wunderschönen Ort mit herrlicher Aussicht auf das Zürcher Oberland, welche mir jeweils ein schönes Heimatgefühl verleiht. *F.S., 29, w.* **Greifensee:** Da habe ich meine Freundin kennengelernt: Sie schwamm über den See, ich segelte. Ich rief: «Auch noch gewagt, so allein über den See!» Sie antwortete mit einem lustigen Spruch. Ich drehte in der Folge etwa zweieinhalb Stunden lang Runden um sie herum, während wir schwatzten, schwatzten, schwatzten … *R.W., 71, m.* **Seepromenade in Pfäffikon ZH:** Von der Seepromenade hat man eine wunderschöne Aussicht, idealer Ausgangspunkt für eine Umrundung des Sees mit anschliessendem Bad am frühen Morgen. *P.H., 52, m.* **Es ist mein Zuhause in Forch und es ist genial:** Wir haben einen riesigen Garten und eine grosse Terrasse. Im Winter bauen wir Iglus und im Sommer machen wir eine Wasserschlacht. Unser Iglu im Winter ist schon mal eingestürzt. *D.S., 11, m.* **Kindergarten Kindhausen:** Man kann im Kindsgi draussen machen, was man will, drinnen muss man machen, was Frau Huber sagt. *M.S., 7, w.* **Haus vom Omami in Opfikon:** Beim Omami bin ich mega gerne, weil ich dort spielen und bauen kann. Autobahn-Bauen die Treppe runter ist mein Favorit. *T.S., 7, m.* **Gartensitzplatz in Uster:** Davor weiden die Kühe, dahinter liegt der Greifensee, gegenüber erhebt sich der Pfannenstiel. Über uns der weite Himmel. Einfach traumhaft. Für uns der schönste Flecken Erde!! *H.I., 56, w.* **Rothus Wädenswil:** Ich erlebe an diesem Ort den Sommer, versuche, den Sommer durch die Qual eines kalten Bades verfrüht herbeizuführen. *A.L., 26, m.* **Mülibach unterhalb der Zankerwiese in Esslingen:** Da kann man prima spielen. Gestern habe ich eine rostige Bettfeder gefunden und mir einen Armreif gebastelt. Und ich habe viele grüne Algen gefischt. Dann habe ich mich zum Trocknen in die Wiese gelegt. *C.K., 7, w.* **Abschlussdamm Greifensee/Glatt:** Es ist einfach ein ruhiger Ort, wo ich mit meiner verstorbenen Frau auf vielen Spaziergängen Pausen machte. Meine Frau wünschte auch, dass ihre Asche dort verstreut wurde. *E.Z., 66, m.* **Greifensee:** Ich war einmal mit einer Gruppe am See zum Brätoln. Trotz nur 10°C Wassertemperatur wagten wir uns ins Wasser. *C.T., 19, w.* **Wasserreservoir**

in Erlenbach: Bei dem umgebauten Wasserreservoir handelt es sich nicht nur um einen Ort, wo ich mit der Band übe. Dort treffe ich alle meine Freunde. Dieser Ort ist uns allen wichtig, da wir dort den Stress der Aussenwelt vergessen können. E.M., 19, m. **Hill between Dübendorf and Schwerzenbach:** These three benches are my favorite site. My other stay in Switzerland in 2008 I wanted to be there and it was impossible. This time I'm getting to drink matetea with my daughter who lives here. It's my dream here. I'm from Uruguay. M.A., 58, w. **Stein im Zürichsee:** Wunderschöner Ort, den man nur schwimmend erreichen kann. Da ihn nur wenige Leute kennen, ist man meistens alleine und kann die Ruhe in vollen Zügen geniessen. C.F., 28, m. **Wanderweg zwischen Bauma und Bäretswil:** Auf dieser Wanderung gibt es eine bestimmte Stelle, an der man nichts anderes hört als den eigenen Atem, Vogelgezwitscher und das Plätschern des nahen Bächleins. Einmalig! W.M., 61, w. **Strandbad Pfäffikon ZH:** Pfäffikersee im Winter, Eissegeln mit selbst umgebautem Surfbrett zum Eis-Surfen. Einfach fantastisch! U.S., 66, m. **Wermatswil-Chapf:** Die schönsten Sonnenauf- und Untergänge. 360° Rundsicht, einfach herrlich! H.S., 71, m. **Naturschutzgebiet Allmeind Jona:** Mit meinem Ehemann tolle Sujets suchen und filmen ist spannend und befriedigend. L.L., 68, w. **Zimikon:** Liegt versteckt zwischen Autobahn und Industrie, ist zentral und ländlich. Ich wohne seit 23 Jahre dort und kenne alle Nachbarn. A.S., 44, w. **Rümlang:** Wanderung um den Heliport, Sport (Radfahren, Inlinen), Currywurst, Bier und Hämbi. P.G.-H., 49, w. **Bachtel:** Super Aussicht und die besten Nussgipfel. C.A., 38, w. **Schulhaus Hofacker:** Weil man sehr gut Fussball spielen und dort chillen (entspannen) kann. L.B., 13, m. **Familiengartenverein Wetzikon:** Kein Stress, Ruhe, Gemütlichkeit, Freunde, Natur pur. A.T., 61, w. **Alter Bachtelturm auf dem Pfannenstil:** Da ich früher oft den Bachtel besuchte, zieht es mich immer wieder zum Turm, der jetzt auf dem Pfannenstiel platziert ist. H.J., 35, m. **Hornusserhüttli in Gossau:** Rundum Grün, Sicht aufs Bergpanorama, Ruhe, Hornussen und Essen, lustiges Beisammensein, einfach toll. S.F., 33, w. **Nieder-uster:** Erinnerungen an Jugendzeit: der erste Kuss, die Töffligang, keine Eltern um sich herum haben. J.Q., 37, m. **Grüningen:** Mit meinen Enkeln besuchten wir oft den botanischen Garten. R.H., 78, w. **Fussballplatz Schwerzenbach:** Ich spiele fürs Leben gerne Fussball und werde dranbleiben und eines Tages live im TV zu sehen sein. F.U., 17, m.

Bodenkarte

Im Einkaufszentrum Volki-Land und vor dem Ustermer Stadthaus wurde eine 130 Quadratmeter grosse Bodenkarte ausgelegt. Sie zeigt die Region auf einem gestochen scharfen Flugbild, zusammengesetzt aus 110 Einzelbildern. Die Karte lädt ein, den eigenen Lebensraum aus neuer Perspektive zu entdecken und sich Gedanken über dessen Zukunft zu machen.

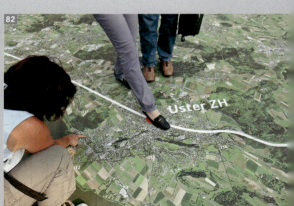

Zum S5-Stadt-Projekt

Die politischen Gemeinden im weiteren Gebiet der S5-Stadt

Die S5-Stadt
Annäherungen in Raum und Zeit

Martin Schuler, EPFL-CEAT (Text), und
Benoît le Bocey, Microgis SA (Karten)

Der Perimeter der S5-Stadt – ein offenes Gebiet

Karten erlauben dem Leser, sich räumlich zu orientieren, bekannte und weniger bekannte Entwicklungsmuster im Zeitvergleich zu analysieren und zu verstehen, wie sich jede Generation einem neuen Raum gegenübersieht und ihn neu schafft und schaffen muss.

Das Projektteam hat den Begriff der «S5-Stadt» geprägt und damit ein Element der Verkehrsinfrastruktur als prägend für den Raum erachtet. Es hat sich jedoch nicht bemüht, das Forschungsgebiet räumlich abzugrenzen und damit zu definieren, welche Gemeinden zur S5-Stadt gehören und welche nicht. Im Gegenteil – dies waren Fragen des Projekts: Was gehört in den Köpfen der Bewohnerinnen und Bewohner zur Region? Wie weit strahlt ihr Wirtschaftsraum aus? In welchem Raum spielen die politisch wirksamen Strukturen eine Rolle? Und stimmt es, dass die Region in gewisser Hinsicht bereits wie eine Stadt funktioniert, also zur S5-Stadt wird?

Obwohl das Forschungsgebiet des Projekts keine scharf definierten Grenzen hat, wird mit den folgenden Karten versucht, die S5-Stadt statistisch zu erfassen und sie so besser zu verstehen. Das Ziel wird mit einer Serie von Themen mit historischer Tiefe angepeilt.

Zum Begriff der «S5-Stadt»: das «S», die «5» und die «Stadt»

S = Stadtbahn oder Schnellbahn – der Begriff hat sich in deutschsprachigen Gebieten als Marke für den Vorortverkehr auf der Schiene in Agglomerationen durchgesetzt, entsprechend dem französischen RER «Réseau express régional». In der Regel bildet das Netz der Normalspurbahnen aus dem 19. Jahrhundert das Gerüst eines S-Bahn-Systems. Durch den Neubau von stadtquerenden Tunnels konnten diese bestehenden Strecken verbunden werden, sodass neu Durchmesserlinien entstanden, mit denen der Vorort- und Pendlerverkehr entscheidend beschleunigt wurde. S-Bahnen bilden zusammen mit den städtischen und regionalen Tram- und Buslinien einen Verkehrsverbund. In ausländischen Metropolen ist das S-Bahn-Netz häufig eine Ergänzung zur U-Bahn.

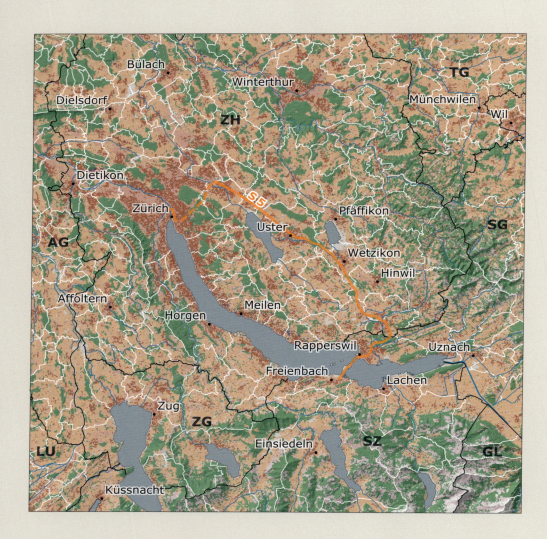

Topografie, Landnutzung und Referenzpunkte

Arealstatistik 1997
- Gebäudeareal (ohne Industrie)
- Gebaute Flächen
- Wies- und Ackerland
- Rebbau
- Bestockte Flächen
- Alpwirtschaftliche Nutzflächen
- Unproduktive Flächen

— Flüsse
▢ Kantone
▨ Seen

Die S-Bahn Zürich wurde im Jahr 1990 eingeweiht. Kernstücke der dafür notwendigen Neubauten waren die Errichtung eines Durchgangsbahnhofes unter dem Hauptbahnhof (Zürich Museumstrasse) für den Regionalverkehr sowie der Bau des Zürichbergtunnels von Zürich Stadelhofen nach Zürich Stettbach. Das S-Bahn-System Zürich zählt heute 27 Linien, davon 10 als Durchmesserlinien via Hauptbahnhof Zürich.

5 = die Nummer der S-Bahn-Linie, die alternierend von Rafz oder Niederwenigen im Zürcher Unterland via Oerlikon, Zürich HB, Zürich Stadelhofen, Uster, Wetzikon, Rüti und Rapperswil-Jona nach Pfäffikon SZ fährt. Das Projekt forschte entlang eines Astes dieser S-Bahn-Linie. Im Gebiet der S5-Stadt finden sich noch zahlreiche weitere S-Bahn-Linien. Doch ist die S5 die prestigeträchtigste, weil sie die zentrale und direkte Verbindung durch den Zürichbergtunnel mit der Stadt Zürich sicherstellt und weil sie als erste Linie als Schnellbahn nicht jeden Bahnhof erschliesst, sondern die kleineren Orte überspringt.

«S5-Stadt» = eine Provokation der Erfinder dieses Projekts, mit der sie die sich ins Zürcher Oberland ausdehnende Agglomeration Zürich als eine eigenständige urbane Einheit begreifen, als eine Stadt. Allerdings als eine Stadt mit engem Nebeneinander und Miteinander von städtischen und ländlichen Elementen, eine Stadt mit hoher Lebensqualität, interessanten Arbeitsplätzen, guten Ausbildungsstätten, Naturschönheiten, drei Seen und einer schnellen Erreichbarkeit des nahen Zentrums Zürich wie auch der Voralpen. Für die S5-Stadt spielt die damals neue Bahnlinie eine zentrale Rolle. Sie hat die Mobilitätsvoraussetzungen grundlegend verändert. Die S5-Stadt hat vor 20 Jahren von allen Zürcher Regionen die grösste Erreichbarkeitsverbesserung erfahren; damit eignet sie sich für Studien zum Wechselspiel zwischen Verkehrs- und Siedlungsentwicklung. Einen ähnlichen Quantensprung in der Verbesserung der Erreichbarkeit, allerdings durch den Individualverkehr, erlebte das Knonaueramt 2009 durch die Eröffnung des Uetliberg-Autobahntunnels.

Perimeter institutioneller Einheiten

Schwarze Grenzen:
Kantone

Weisse Grenzen und Flächenfarben:
Raumplanungsregionen

Oranger Perimeter:
KEZO-Gebiet (Kehrichtverbrennungsanstalt)

Grüner Perimeter:
VZO (Verkehrsverbund Zürichsee und Oberland)

Weinroter Perimeter:
Agglomeration Obersee

Blaue Linie:
S5-Bahn im Abschnitt Zürich Hauptbahnhof–Pfäffikon SZ

Perimeter institutioneller Einheiten

Die S5-Stadt ist, wie erwähnt, für das Forschungsprojekt räumlich nicht scharf abgegrenzt worden. Dennoch gibt es zahlreiche Gebietskörperschaften in der Region, die – je nach Funktion und Zielen – unterschiedliche Grenzziehungen verwenden. Die Karte zeigt die Abgrenzungen und die Überlagerung verschiedener institutioneller Zonen.

Neben den Gemeinden und Kantonen sind auf politischer Ebene die Bezirke definiert. In der S5-Stadt sind dies etwa die Bezirke Uster, Hinwil und Pfäffikon (ZH) sowie die Bezirke See (SG) und Höfe (SZ). Andere Grenzen haben die auf politischer Ebene definierten Raumplanungsregionen; sie sind auf der Karte durch farbige Flächen sichtbar gemacht. Verschiedene Raumplanungsregionen beeinflussen die Siedlungsentwicklung in der S5-Stadt. In ihrem Kerngebiet ist seit 1959 die Planungsgruppe PZO tätig, die seit 2010 als «Region Zürcher Oberland RZO» 21 Gemeinden in die Regionalentwicklung einbindet. Die «Agglo Obersee» stärkt am Südende der S5-Stadt den Doppelpol Rapperswil-Jona (SG) und Pfäffikon-Lachen (SZ). Sie ist ein Zusammenschluss von 13 Gemeinden aus drei Kantonen. Als nicht institutionelle Abgrenzungen existieren zum Beispiel der Verkehrsverbund Zürichsee und Oberland (VZO) oder die Kehrichtverbrennungsanstalt (KEZO) mit der Anlage in Hinwil mit eigens definiertem Wirkungsraum.

Die S5-Stadt selbst ist wiederum Teil eines grösseren Ganzen, dem Wirtschaftsstandort Zürich, welcher sich nicht auf politische Grössen wie Kernstadt oder Kanton beschränkt. Er besteht aus einem weitreichenden Netzwerk von eng verflochtenen Stadtregionen, die zusammen den sogenannten Metropolitanraum bilden.

Die Standortmarketingorganisation Greater Zurich Area AG (GZA) ist Ausdruck dieses Zusammenwachsens der Räume über die Kantonsgrenzen hinaus. Sie vermarktet nicht nur die Kernstadt und Winterthur, sondern sieben der insgesamt elf dem funktionalen Wirtschaftsraum zugehörigen Kantone (GL, GR, SH, SO, SZ, ZG, ZH). Innerhalb des Wirtschaftsraums hat sich 2009 um das Zentrum Zürich herum der Verein Metropolitanraum Zürich konstituiert. Ihm gehören derzeit 8 Kantone sowie 110 Städte und Gemeinden an. Der Verein lanciert Projekte in den Handlungsfeldern Lebensraum, Verkehr, Wirtschaft und Gesellschaft. Sie sollen dazu beitragen, die Lebensqualität im Metropolitanraum zu sichern und seine internationale Wettbewerbsfähigkeit zu verbessern.

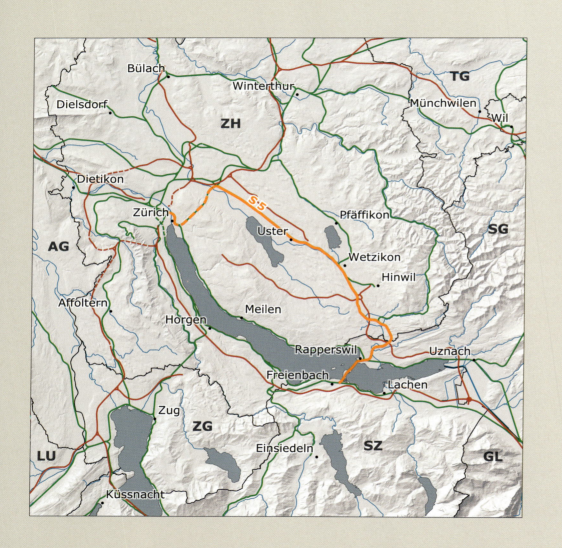

Die Verkehrsnetze und ihre Entwicklung

Die Glatttalbahn der VSB als Vorläuferin der S5-Linie – eine Pionierin

Vor 1855 bestanden in der Schweiz nur gerade zwei Bahnlinien (Zürich–Baden und Basel–Liestal) von je etwa 20 Kilometern Länge. Im Lauf der folgenden fünf Jahre konnte man von Zürich nach Romanshorn (1855), St. Gallen (1856), Schaffhausen (1857), Basel (1858), Bern (1858) und Chur (1859) reisen. Die Linie von Zürich nach Chur führte über Oerlikon, Uster, Rüti, Uznach, Weesen und Sargans und wurde von verschiedenen Gesellschaften betrieben, im Abschnitt des Glatttales von den VSB (den Vereinigten Schweizerbahnen). Diese Strecke ist Jahrzehnte vor der Seebahnlinie am linken Seeufer (1875) und der Bahn am rechten Seeufer (1894) gebaut worden. Sie hatte eine prägende Wirkung, weil sie durch ein bereits industrialisiertes Gebiet führte, zu Beginn einer wirtschaftlichen Konjunkturphase gebaut worden war und längere Zeit ohne räumliche Konkurrenz blieb. Erst 1875 folgte die Eröffnung der Strecke Winterthur–Bauma, 1876 Effretikon–Wetzikon–Hinwil, 1876 Rüti–Wald–Bauma, 1878 der Seedamm, 1894 Stadelhofen–Rapperswil, 1901 Uerikon–Bauma (bis 1948/69 in Betrieb), 1903 Kempten–Meilen (1950 aufgehoben), 1909 Uster–Langholz (1949 aufgegeben) sowie 1912 die Forchbahn Rehalp–Esslingen.

Die zahlreichen Linien des 19. Jahrhunderts bildeten ein dichtes Netz von Nebenstrecken für den regionalen Verkehr, das heute das südöstliche Segment der Zürcher S-Bahn umfasst.

Nachzüglerin im 20. Jahrhundert: Das Autobahnnetz der S5-Stadt schliesst sich spät

Das Autobahnnetz der Eidgenossenschaft sah für den Kanton Zürich die Strecken nach Basel, Bern, Luzern, Chur sowie St. Gallen/Konstanz/Schaffhausen vor. Bis 1970 waren die Hauptstrecken erstellt, allerdings ohne deren Verknüpfung im Zentrum Zürichs. 1985 wurde die Nordumfahrung der Stadt eröffnet und erst 2009 jene im Westen und Südwesten. Die Verbindung ins Zürcher Oberland wurde durch den Kanton erstellt, allerdings anders als beim Bahnbau 100 Jahre zuvor mit Verspätung gegenüber den anderen Hauptachsen. Die Oberlandautobahn von Brüttisellen nach Rüti (mit Anschluss an die Autobahn von Zürich nach Chur in der March) folgte erst ab den 1980er-Jahren, weist allerdings noch immer eine Lücke zwischen Uster und Hinwil auf.

Das Gebiet der S5-Stadt ist zwar gut erschlossen, weist aber wegen der Lücke nur einen beschränkten interregionalen Durchgangsverkehr auf.

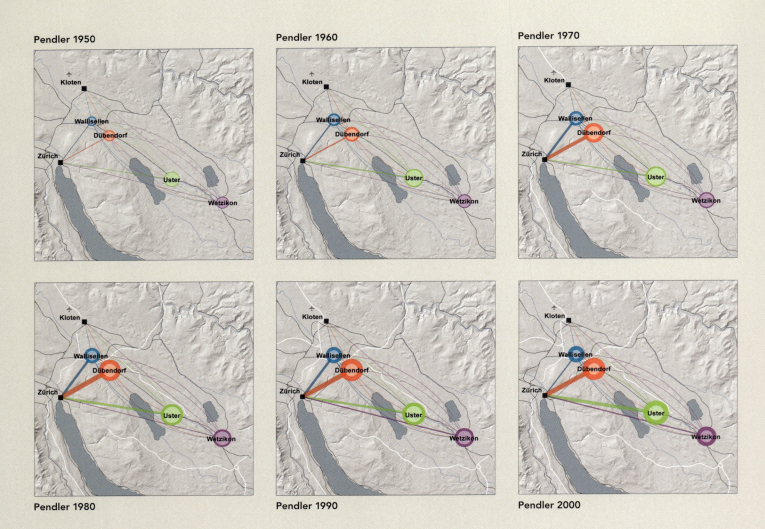

Die Pendlerwanderung – eine Mobilitätsgeschichte mit Bruch

Das Arbeitspendeln wird von den eidgenössischen Volkszählungen seit 1910 erfasst, seit 1970 mit Angabe der Verkehrsmittelwahl. Allerdings sind die früheren Daten nur für grössere Ortschaften überliefert. Sechs Karten ab 1950 bilden die Anzahl der Berufstätigen und der Wegpendler der Gemeinden Wallisellen, Dübendorf, Uster und Wetzikon ab. In der Abfolge der Karten wird deutlich, dass die frühesten Ströme nach 1950 aus Wallisellen und Dübendorf auf die Stadt Zürich ausgerichtet waren. Deren Einzugsgebiet erfasste 1970 auch Uster und ab 1980 Wetzikon und die Ortschaften weiter östlich.

Nach 1980 nehmen die Pendler aus Wallisellen, die in Zürich arbeiten, wieder ab, nach 1990 auch diejenigen aus Dübendorf. Hingegen steigt die Zahl der Pendler, die zum Arbeiten von Uster nach Zürich reisen, von 2200 (1980) auf 2700 (1990) und auf 3900 im Jahr 2000. Ähnlich spektakulär verläuft die Zunahme der Pendler aus Wetzikon, die in Zürich arbeiten. Die massive Verkürzung der Reisezeit mit der S-Bahn hat das Pendeln aus Uster und Wetzikon nach Zürich stark gefördert. Hingegen ist die Erreichbarkeit Zürichs für Wallisellen nicht gestiegen. Die Pendlerströme haben sich Richtung Zürich verringert und in die umliegenden neuen Zentren der Glatttalstadt verlagert. Die S-Bahn hat den Grossraum Zürich neu gestaltet und das Mobilitätsverhalten seiner Bevölkerung grundlegend geändert. Die S5-Linie hat Uster in Quartierdistanz zu Zürich gebracht, Wetzikon in den Nahbereich und Rüti in eine sehr akzeptable Pendlerdistanz – und umgekehrt liegen Uster, Wetzikon und Rüti für die Stadtzürcher jetzt sozusagen vor der Haustüre.

Pendlerwanderung

Anzahl Wegpendler
- < 500
- 500 ... 1000
- 1000 ... 2000
- 2000 ... 3000
- 3000 ... 4000
- > 4000

Personenanzahl
- 16 000
- 8000
- 4000
- 1000

Berufstätige
Nicht-Pendler

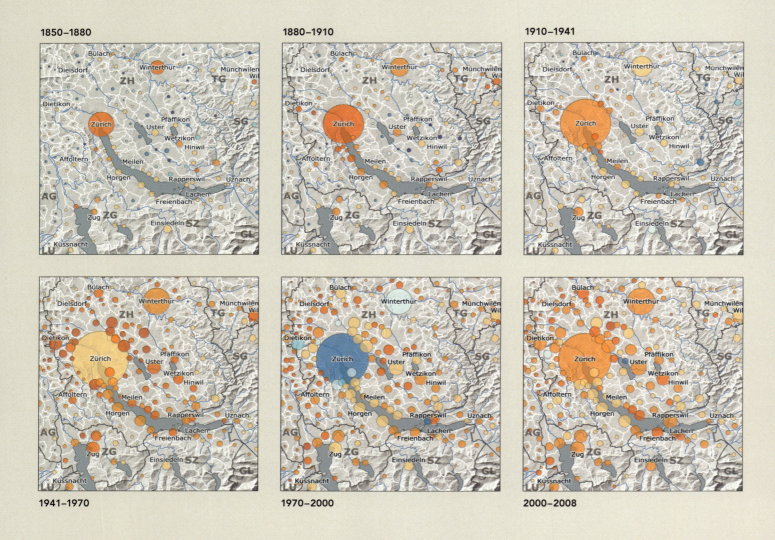

Bevölkerungsentwicklung

1850–1880
Eisenbahnfieber

1880–1910
Zürich wird Grossstadt, die Maschinenindustrie erobert das Land

1910–1941
Krise und demografischer Bruch

1941–1970
Hochkonjunktur, Suburbanisierung und Babyboom

1970–2000
Schrumpfen der Zentren und Periurbanisation

2000–2008
Metropolisierung des Grossraums Zürich

Mittlere jährliche Bevölkerungsentwicklung Jahr A – Jahr B (%)

- > 4
- 2…4
- 1…2
- 0…1
- −0.15…0
- −0.3…−0.15
- −0.6…−0.3
- < −0.6

Bevölkerung Jahr B

400 000
200 000
50 000
10 000

Kantone
Gemeinden
Seen
Flüsse

Die langzeitliche Bevölkerungsentwicklung

Die Bevölkerungsentwicklung des Raums in 30-jährigen Zeitspannen von 1850 bis 2000 ist in fünf Karten dargestellt. Eine sechste Karte deckt die Periode von 2000 bis 2008 ab.

1850–1880 Eisenbahnfieber: Das grösste demografische Wachstum findet sich in den beiden Städten Zürich und Winterthur in deren heutigen Grenzen (Gemeindevereinigungen in Zürich 1893 und 1934, in Winterthur 1922). Leichte Gewinne erzielen die Gemeinden am Zürichsee, in der schwyzerischen March und im sanktgallischen Linthgebiet, die Gemeinden entlang der damals neuen Glatttalbahn (Dübendorf, Uster, Wetzikon, Hinwil, Dürnten und Rüti) sowie Wald als aufstrebender Industriestandort. Alle übrigen Gemeinden im Zürcher Oberland und im Tösstal verlieren an Einwohnern wie auch die meisten anderen ländlichen Gebiete des Kantons. Das Bevölkerungswachstum hängt in dieser Zeit stark von der Industrialisierung ab, und diese wiederum ist räumlich stark an den Bahnbau gekoppelt.

1880–1910 Zürich wird Grossstadt, die Maschinenindustrie erobert das Land: Die Tendenz einer demografischen Zweiteilung zwischen den wachsenden grossen Städten und den Industriegemeinden einerseits und den landwirtschaftlich verbliebenen Gemeinden mit Einwohnerrückgang andererseits setzt sich noch verstärkt fort. So haben etwa die Gemeinden Gossau und Grüningen zwischen 1850 und 1910 je einen Viertel ihrer Einwohner eingebüsst, während Rüti, Wald und Wetzikon um je 3000 bis 4000 Einwohner gewachsen sind, was in den beiden letzteren Gemeinden einer Verdopplung gleichkommt, in Rüti einer Vervierfachung. In der zweiten Hälfte des 19. Jahrhunderts sieht sich die Landwirtschaft einem grossen internationalen Konkurrenzkampf wegen stark sinkender Getreidepreise ausgesetzt. Doch der Kanton Zürich als Ganzes und besonders seine Textilindustrie- und Maschinenbaugebiete gehören zu den prosperierenden Gebieten.

1910–1941 Krise und demografischer Bruch: Es handelt sich um drei Jahrzehnte mit schwachem Bevölkerungswachstum in der Schweiz, im Kanton Zürich wie auch in unserem Beobachtungsraum. Nach 1914 sind die Geburtenzahlen rückläufig und die Zuwanderung versiegt weitgehend. Innerhalb der Schweiz ergeben sich in der Krise der 1930er-Jahre geringere Wachstumsunterschiede als zuvor und danach. Gleichwohl lässt sich im Raum Zürich ein Suburbanisierungsprozess ablesen. Im Zürcher Oberland ergeben sich schwache Bevölkerungsgewinne in den Talgemeinden, hingegen Verluste in den Berggemeinden, im Tösstal und in Wald, wo Industrien Einbrüche erleiden.

1941–1970 Hochkonjunktur, Suburbanisierung und Babyboom: Die Hochkonjunktur (1947 bis 1973) bringt der Schweiz grosse Bevölkerungsgewinne durch hohe und steigende Geburtenzahlen (bis 1964) und starke Zuwanderungen von Arbeitskräften, zunächst hauptsächlich aus Italien. Die Agglomeration Zürich profitiert zudem von hohen Gewinnen aus der Binnenwanderung. Sie dehnt sich ringförmig aus. In den 1950er-Jahren entfällt das höchste Wachstum noch auf die Nachbargemeinden der Stadt (Wallisellen, Dübendorf, Maur), in den 1960er-Jahren bereits auf einen zweiten Gürtel mit Maxima in Greifensee und Volketswil.

Über die gesamte 30-jährige Periode betrachtet, sticht das ausserordentliche Wachstum im Limmattal und im Glatttal hervor: Im Bezirk Uster verdreifacht sich die Bevölkerungszahl; im Bezirk Pfäffikon verdoppelt sie sich beinahe, und die Einwohnerzahl des Bezirks Hinwil wächst ebenfalls um zwei Drittel.

Das Gebiet der S5-Stadt ist heute wesentlich geprägt durch die Entwicklung der 50er- und 60er-Jahre, denn die meisten Wohnungen stammen, ebenso wie viele Schulen, zahlreiche Betriebe und die ersten Einkaufszentren, aus dieser Zeit. Innerhalb der S5-Stadt haben sich die Industriegemeinden und die Dörfer mit Bahnanschluss am stärksten entwickelt.

1970–2000 Schrumpfen der Zentren und Periurbanisation: 1962 hat die Stadt Zürich ihren historischen Bevölkerungshöhepunkt mit 441 000 Personen erlebt; der darauf folgende Rückgang dauerte beinahe 40 Jahre, um mit 333 000 Einwohnern 1999 den Tiefpunkt zu erreichen. Heute sind es wieder rund 365 000 Einwohner. Dagegen dehnt sich die Agglomeration mit zwar verlangsamtem, aber immer noch stetem Wachstum weit in die Nachbarkantone aus. Der Metropolraum Zürich umfasst statistisch und funktional zwölf Agglomerationen zwischen Aarau und Frauenfeld, Schaffhausen und dem Oberseeraum. Die Gemeinden mit dem relativ grössten Bevölkerungswachstum liegen zwischen 1970 und 2000 in einer Zone von 15 bis 20 Kilometern ausserhalb der Stadt. Im Gebiet der S5-Stadt betrifft dies etwa Mönchaltdorf, Gossau oder Hittnau, Gemeinden mit früher schwacher Industrialisierung. Hauptsächlich der Bau von Einfamilienhäusern trägt in den äusseren Gürteln zum Agglomerationswachstum bei. Die tiefe Siedlungsdichte legt für die neuen Bewohner dieser Quartiere die Benutzung des Privatwagens zum Arbeitspendeln nahe. Die Periurbanisierung in der S5-Stadt wird von den Mittelschichten aus der Region und dem Grossraum Zürich getragen, während die Haushalte mit tieferen Einkommen häufig den jüngeren Zuwanderungsgruppen zugehörig sind. Sie beziehen die Blockwohnungen der 1960er-Jahre.

2000–2008 Metropolisierung des Grossraums Zürich: Das Bevölkerungswachstum in der S5-Stadt nimmt an Intensität noch zu. Es sind nach gut 30 Jahren erstmals wieder die Zentren, die sich überdurchschnittlich entwickeln, neben der Stadt Zürich auch Wetzikon, Rapperswil-Jona oder Pfäffikon SZ (Freienbach). Die Standortgunst der hervorragenden Erschliessung durch das S-Bahn-Netz hat Grundstücke in Kernlagen sehr attraktiv werden lassen. Der Kartenausschnitt lässt nicht erahnen, dass im ersten Jahrzehnt des 21. Jahrhunderts die demografische Dynamik in der Schweiz recht einseitig auf die Metropolräume Zürich (inkl. grosser Teile der Innerschweiz und des Aargaus) sowie Genf-Lausanne (inkl. Freiburg und Unterwallis) konzentriert ist. Der jüngste Bevölkerungszuwachs wird in metropolitanen Gebieten zum Teil wieder durch steigende Geburtenüberschüsse getragen, daneben durch die Binnenwanderungen. Die Zuwanderung aus dem Ausland kommt verstärkt aus dem EU-Raum. Sie hat sich zwar abgeschwächt, doch sind auch die Wegzüge gesunken, sodass der internationale Wanderungsgewinn gestiegen ist. Das Qualifikationsniveau dieser neuen Generation von Immigranten ist höher als früher und zeigt Züge einer sozialen Überschichtung.

1939–1965

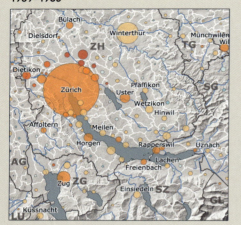

1965–1991

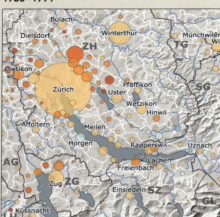

1991–2001

2001–2008

Die Entwicklung der Arbeitsplätze

1939–1965
Konzentration des Arbeitsplatzwachstums auf Zürich und den Flughafen

1965–1991
Suburbanisierung der Arbeitsplätze im Limmat- und Glatttal

1991–2001
Industrieller Einbruch, doch Stärkung der Glatttalstadt

2001–2008
Tertiäre Spezialisierung in Zentren und Subzentren des S-Bahn-Netzes

Mittlere jährliche Bevölkerungsentwicklung Jahr A – Jahr B (%)

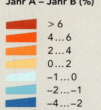

- > 6
- 4…6
- 2…4
- 0…2
- −1…0
- −2…−1
- −4…−2
- < −4

Vollzeitäquivalente Jahr B

300 000
100 000
50 000
10 000

Kantone
Gemeinden
Seen
Flüsse

Die Entwicklung der Arbeitsplätze

Das Zürcher Oberland war im 18. Jahrhundert eine der am stärksten industrialisierten Regionen des europäischen Kontinents! Spinnen und Weben von Baumwolle und anfangs auch von Seide in Heimarbeit war besonders in den Viehwirtschaftsgebieten im südlichen Kantonsteil weit verbreitet, organisiert im Verlagswesen von Unternehmern aus der Stadt Zürich. Während des 18. Jahrhunderts hatte sich die Bevölkerung in den späteren Bezirken Hinwil, Pfäffikon und Uster mehr als verdoppelt, bei einem kantonalen Mittel von mehr als 50 Prozent. Während der Helvetik (1798–1803) und der Mediation (1803–1813) haben die führenden Industriellen in kaum 15 Jahren die Mechanisierung der Baumwollspinnerei durchgesetzt, wobei sich die regelmässig Wasser führenden Bäche (Aabach in Wetzikon, Uster und Aathal, die Jona in Wald, Rüti und Jona, die Töss, die Kempt, aber auch die Bäche in der March) als Energiequellen für die Fabriken anboten. Die Industrieproduktion war sehr starken konjunkturellen Schwankungen unterworfen, und in Krisen konnten Produktionszweige völlig verschwinden, wie etwa die Indienne-Druckerei. Der Aufbau der Maschinenindustrie in der zweiten Hälfte des 19. Jahrhunderts hat seine Wurzeln in der Herstellung von Spinn- und Webmaschinen, wobei die Fabrikstandorte an die Bahnerschliessung gebunden waren (Rüti, Uster, Pfäffikon ZH). Höhepunkt der industriellen Durchdringung war die Zeit der Wende zum 20. Jahrhundert. Obwohl die Textilindustrie in den 1920er- und 1930er-Jahren Rückschläge erlitt, blieb dieser Sektor lange stark vertreten und produzierte bis in die jüngste Vergangenheit hochwertige Produkte.

Das Gebiet der S5-Stadt liegt im Windschatten der grossen Verkehrsachsen des Landes, die im Raum Zürich durch das Limmattal, das Glatttal und entlang des linken Seeufers verlaufen. Damit eignete sich der S5-Raum zunächst weniger gut für die Ansiedlung von Unternehmen mit hohen Anforderungen an Erreichbarkeit und günstigen Transportkosten. Weil das S5-Gebiet lange Zeit weniger gut erschlossen war, aber gleichwohl in der Nähe des Flughafens Zürich-Kloten liegt, vermochte der regionale Arbeitsmarkt seine Eigenheiten länger gegenüber dem Lohndruck von Zürich zu behaupten. Der S5-Stadt ist es daher gelungen, ihre industrielle Spezialisierung langfristig zu bewahren, allerdings unter dem Druck ständiger Anpassung (vgl. S. 84). Eine der Eigenheiten der S5-Stadt ist das Bewusstsein ihrer Bevölkerung um die Bedeutung der regionalen Betriebe, und im Gegenzug das Engagement der Unternehmen für die Region.

Die Quellen unserer Gemeindestatistiken setzen erst mit der Betriebszählung von 1939 ein.

1939–1965 Konzentration des Arbeitsplatzwachstums auf Zürich und den Flughafen: Die Karte zeigt die Konzentration des grössten Arbeitsplatzwachstums auf die Stadt Zürich und auf das Gebiet des 1952 eröffneten Flughafens Kloten. Doch verläuft die Entwicklung in allen Gemeinden stark positiv, mit Ausnahme einiger landwirtschaftlich verbliebener Ortschaften. Während der Hochkonjunktur wachsen die Arbeitsplätze vor allem im industriellen Sektor; auch strukturschwächere Betriebe können sich dank der niedrigeren Lohnkosten halten.

1965–1991 Suburbanisierung der Arbeitsplätze im Limmat- und Glatttal: Diese Periode ist gekennzeichnet durch die Abfolge verschiedener Phasen wirtschaftlichen Rückgangs (nach 1973, nach 1982) und Zeiten intensiven Wachstums (bis 1972, nach 1985). Doch hält sich der Raum Zürich im internationalen und im nationalen Vergleich ausgezeichnet. Dominant auf dem Kartenbild erscheint das Arbeitsplatzwachstum entlang der grossen Verkehrsachsen. Es handelt sich um die Effekte der Auslagerung von Betrieben mit grossem Platzbedarf, um den Aufbau einer neuen Infrastruktur der Logistik und des Gross- und Detailhandels sowie um die Ansiedlung von Betrieben junger Branchen (etwa der Informatik) an neuen Standorten, besonders an Autobahnausfahrten.

Die S5-Stadt (vor dem Bau des Zürichbergtunnels) erscheint in diesem Bild dreigeteilt: höchster Zuwachs an Arbeitsplätzen in Gemeinden im mittleren Glatttal (Dübendorf, Wangen-Brüttisellen, Schwerzenbach, Greifensee, Volketswil) mit neuen grossen Industrie- und Gewerbezonen in Autobahnnähe. Auch Wetzikon und Hinwil zeigen Zunahmen der Arbeitsplätze um über 80 Prozent, während das Wachstum in den Zentren (Uster) und in den übrigen Gemeinden des Talgebiets mässig blieb und Arbeitsplatzverluste, vor allem nach 1973, in den traditionellen Industriegemeinden des Berggebiets zu verzeichnen waren (Rüti, Wald, Bäretswil, Bauma, Fischenthal). Das West-Ost-Gefälle innerhalb des Zürcher Teils der Region hat sich in dieser Zeit vergrössert. Im schwyzerischen Bezirk Höfe verdoppelte sich die Arbeitsplatzzahl.

1991–2001 Industrieller Einbruch, doch Stärkung der Glatttalstadt: Der Wirtschaftseinbruch 1991–1995 ist von ähnlicher Stärke wie derjenige nach 1973. Besonders die Zentren (Uster, Wetzikon, Rüti, Rapperswil-Jona, Freienbach SZ) verlieren zahlreiche Arbeitsplätze (im Mittel der vier Jahre über 10 Prozent). Auch in den meisten übrigen Gemeinden des Zürcher Oberlandes und der beiden Zürichseeufer geht die Beschäftigung zurück (Ausnahmen: Hinwil, Bubikon), doch erfolgt nach 1995 in fast allen Gemeinden eine kräftige Erholung. Über die ganze Periode hinweg vermögen das mittlere Glatttal wie auch die Höfe und Rapperswil-Jona zuzulegen, mit kräftigem Strukturwandel im Dienstleistungssektor. Im Gegensatz zum ersten Bahnbau von Oerlikon nach Rüti 1857 bringt die S5 nach 1990 keinen unmittelbaren Wachstumsimpuls in Uster, Wetzikon und Rüti. Dies ist in erster Linie als Ausdruck der Krise in der Maschinenindustrie anzusehen. Doch sind die regionalen Arbeitsplätze durch das Näherrücken Zürichs unter Konkurrenzdruck geraten? Oder hat die Standortverbesserung das Wohnen auf Kosten der Arbeit bevorzugt?

2001–2008 Tertiäre Spezialisierung in Zentren und Subzentren des S-Bahn-Netzes: Diese Karte erscheint als umgekehrtes Spiegelbild des vorangegangenen Jahrzehnts. Die Stadt Zürich wächst, doch ebenso die Zentren am Zürichsee, die an der S5-Bahnlinie gelegenen Gemeinden wie auch diejenigen ohne Bahnanschluss, die Ortschaften im Oberseeraum, und selbst Wald und Bauma gewinnen Arbeitsplätze – Verliererin ist vorübergehend Kloten nach dem Schock des Scheiterns der Swissair. Man wird zur Feststellung verleitet, die S5 hätte nicht nur in der Krise der 1990er-Jahre keine besondere Wirkung entfaltet, sondern auch zu Zeiten des wirtschaftlichen Aufschwungs nach 2000 keine ausserordentliche Attraktivität bedeutet. Doch befindet sich die S5-Stadt im Gleichklang mit der Entwicklung im gesamten, dank der S-Bahn integrierten Raum der Metropole Zürich: Dieser erfährt ein starkes Bevölkerungswachstum und einen markanten Strukturwandel zugunsten der spezialisierten Dienstleistungen, besonders in den Zentren (Pfäffikon SZ, Wetzikon, Uster) und weiterhin im mittleren Glatttal (Dübendorf).

140

1939
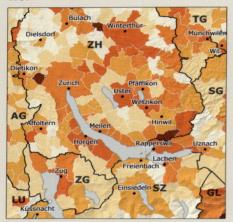

1965

1991
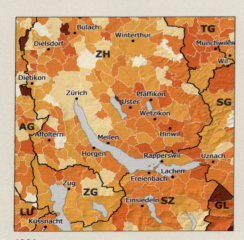

2008

Industrialisierung und Deindustrialisierung der S5-Stadt

Anteil Arbeitsplätze im 2. Sektor, in %

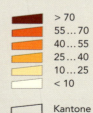

> 70
55…70
40…55
25…40
10…25
< 10

Kantone
Seen

Industrialisierung und Deindustrialisierung

Die Karten zeigen den wirtschaftlichen Strukturwandel anhand der Veränderung der Beschäftigtenanteile. Die Legende ist für alle Zeitpunkte identisch. Bis 1939 ging das Wachstum der Industriebeschäftigung zulasten der Landwirtschaft, doch nach dem historischen Höchststand 1965 verlor diese gegenüber den Dienstleistungen an Terrain.

1939: Die höchste Konzentration der Industriebeschäftigung entfällt auf die Städte und Zentren Winterthur, Uster, Wetzikon, Rüti, Wald, Rapperswil, Lachen, Wädenswil, Horgen und Zug (die Stadt Zürich ist bereits durch den Dienstleistungssektor geprägt), zudem auf einige Vororte Zürichs (Schlieren). Kleinere Gemeinden mit einem einzigen grossen Betrieb (Lindau, Seegräben, Kyburg) runden das Bild einer relativ starken räumlichen Konzentration des Sektors ab.

1965: Die Stadt Zürich hat sich weiter tertiarisiert, und deren Beschäftigte pendeln vermehrt von aussen zu. Die Wirtschaft der Vorortsgebiete hat sich zunehmend industriell spezialisiert, ausgeprägt am linken und am rechten Seeufer, auf der Achse Zürich–Winterthur und im Oberland (etwa Pfäffikon ZH). Nur wenige Gemeinden zählen keine industriellen Arbeitsplätze (etwa Maur, Egg, Mönchaltorf oder Greifensee).

1991: Die Deindustrialisierung betrifft die Stadt Winterthur, die Zürichnahen Seegemeinden und in abgeschwächtem Mass das Zürcher Oberland. In früher landwirtschaftlichen Gemeinden und im Oberseegebiet spielt sich der umgekehrte Vorgang einer verstärkten Industrialisierung ab. Das Gebiet der weiteren S5-Stadt zeigt sich zu diesem Zeitpunkt vergleichsweise homogen bezüglich der Industriebeschäftigung.

2008: Entlang aller von Zürich ausstrahlenden Achsen hat sich ein Gradient herausgebildet, der mit zunehmender Stadtferne eine höhere Industrialisierung anzeigt. Die S5-Stadt bleibt dabei vergleichsweise hoch industrialisiert. Allerdings finden sich die höchsten Anteile Industriebeschäftigter heute in kleineren Gemeinden, etwa in Fällanden, Greifensee, Gossau, Bubikon, Hinwil, Russikon oder Eschenbach SG.

Alles hat sich gewandelt: die Branchen, die Betriebe, die Standorte, nicht aber die Tradition der Produktion. Industriebetriebe können sich wegen ihres Flächenanspruchs und der Lohnkonkurrenz in der Schweiz nur mehr in peripheren Lagen halten. Für wichtige Bereiche des industriellen Sektors scheint demnach der Distanzschutz als ökonomisches Argument wichtiger als die Erschliessung.

Fazit

Dieses Kapitel hatte zum Ziel, mittels einer Serie von thematischen Karten einige statistisch erfassbare Eigenheiten des Raums der S5-Stadt aufzuzeigen und damit dem Leser gewisse Bezugsgrössen zu bieten. Nun ist es für einen Kartografen nicht einfach, einen dynamischen und offenen Raum ohne eigentliche Grenzziehungen darzustellen. Der verwendete Perimeter ist deshalb weit gefasst, und verschiedene mögliche Abgrenzungen sind aufgeführt worden. Im Wesentlichen wird der Raum Zürich in grosser zeitlicher Tiefe dargestellt. Weil sich der Projekttitel, die «S5-Stadt», auf eine Verkehrslinie bezieht, sind in diesem Kapitel die Querverbindungen zwischen Verkehrs- und Siedlungsentwicklung ins Zentrum der Analysen gerückt worden. Es interessieren speziell die beiden Perioden des Bahnbaus in der zweiten Hälfte 19. Jahrhunderts und nach der S-Bahn-Erschliessung im späten 20. Jahrhundert.

Als Arbeitshypothese des gesamten Projekts wird mehr oder weniger explizit angenommen, dass die Eröffnung der Zürichberglinie 1990 das Gebiet, seine Bewohner und seine Wirtschaft nachhaltig verändert hätte. Unsere Darstellungen scheinen zu belegen, dass die Impulse des Bahnbaus nach 1856 unmittelbarer erfolgt sind als diejenigen nach 1990. Das Gebiet der S5-Stadt ist heute – neben den Kernstädten – einer der ganz wenigen Räume der Schweiz, die mit öffentlichen Verkehrsmitteln schneller erreicht werden können als mit privaten. Somit scheint logisch, dass die Daten der Volkszählungen 1990 und 2000 eine neue Orientierung der Pendlerströme aus Uster und Wetzikon nach Zürich abbilden. Gleichzeitig nahm jedoch die Zahl der Arbeitsplätze zunächst – konjunkturbedingt – ab. Sie steigt jedoch seit 2000 etwa im Durchschnitt des Kantons Zürich wieder an, allerdings mit einer klaren Tendenz zur Höherqualifizierung der Beschäftigten.

Die S5-Stadt weist noch immer ein klares West-Ost-Gefälle auf, heute verstärkt durch die Unterschiede zwischen den zürcherischen, schwyzerischen und st.-gallischen Gebieten. Damit ergeben sich starke Differenzierungen zwischen den Gemeinden, für deren Verständnis der geschichtliche Rückblick hilfreich sein kann.

Grob können die folgenden Unterscheidungen vorgenommen werden:
– Frühe Industriegemeinden in Stadtnähe mit markanter Wohn-Suburbanisierung nach 1950 und späterem Ausbau der metropolitanen Dienstleistungen im weiteren Umfeld

des Flughafens: Wallisellen, Dübendorf.

– Sich konkurrenzierende, alte Industrieorte mit wichtigen regionalen Infrastrukturen und, nach starkem Abbau der Beschäftigung in den traditionellen Branchen, mit neuen urbanen Ansätzen und steigender Orientierung zur Wohnfunktion: Uster, Wetzikon, Pfäffikon, Rüti.

– Gemeinden mit Grossüberbauungen der 1960er- und 1970er-Jahre und gleichzeitiger Ansiedlung flächenintensiver Industrien und Grossverteiler in relativer Stadtnähe und guter Strassenerschliessung: Volketswil, Greifensee, Schwerzenbach.

– Lange Zeit ländlich verbliebene Gemeinden mit geringer früher Industrialisierung, jedoch starker Periurbanisierung und Arbeitsplatzausbau nach 1970: Mönchaltorf, Grüningen, Gossau, Oetwil, Russikon.

– Gemeinden an Autobahnausfahrten mit spätem Ausbau einer neuen Zentralität: Hinwil.

– Ländliche Gemeinden mit früheren Grossbetrieben der (Textil-)Industrie, die in den letzten Jahrzehnten aufgegeben wurden; starker Druck zu einer späten Phase der Periurbanisierung nach 1980: Hittnau, Bäretswil, Seegräben, Bubikon.

– Die Gemeinden des frühindustriellen und berglandwirtschaftlichen Tösstales mit jüngst mässigem Bevölkerungswachstum: Wald, Fischenthal, Bauma.

– Rapperswil-Jona, Industrie- und Hochschulstandort, ein eigentlich verkehrsabgewandtes Zentrum in institutioneller Zwitterstellung zwischen mehreren Kantonen.

– Früher, aber bedeutungsschwacher Eisenbahnknoten mit mässiger Industrialisierung, der nach der Eröffnung der Autobahn zum regionalen Zentrum mutierte und heute als metropolitanes Finanz-Subzentrum im Grossraum Zürich fungiert: Freienbach-Pfäffikon.

In der Gesamtsicht zeigen die Analysen die Integration eines früher eher distanzgeschützten Wirtschaftsgebiets in den Metropolraum Zürich.

Ausführlichere Kommentare zu den einzelnen Themen und weitere Karten finden sich unter dem Titel «Die S5-Stadt – Annäherung in Raum und Zeit» im E-Book auf www.s5-stadt.ch.

Forschungsprojekt und E-Book

Zwischen 2007 und 2009 haben sich elf Forschungsprojekte mit dem Phänomen Agglomeration befasst. Das interdisziplinäre Vorhaben wurde initiiert und geleitet vom ETH Wohnforum – ETH CASE, einer Forschungsstelle am Departement Architektur der ETH Zürich. Gemeinsame Forschungsregion war ein Teil des Zürcher Metropolitanraums entlang der S-Bahn-Linie S5. Die vom Projekt «S5-Stadt» genannte Region umfasst den Lebensraum von rund 300 000 Menschen in 27 Gemeinden und drei Kantonen. Fragen nach einer nachhaltigen Gesellschafts- und Siedlungsentwicklung bildeten die übergreifende Perspektive.

Im Verlauf des Jahres 2010 schlugen die Forscherinnen die Brücke zur Praxis und führten den Dialog mit der Bevölkerung und Entscheidungsträgern in der untersuchten Region weiter. Dies geschah durch ein reiches Veranstaltungsprogramm und durch die Veröffentlichung dieses Buches.

Zum Wissenstransfer gehört zudem, dass die Erkenntnisse der Forschungsprojekte über das Internet kostenlos zur Verfügung stehen. Die Berichte sind in einem E-Book veröffentlicht, welches das ETH Wohnforum – ETH CASE im Jahr 2010 in Zusammenarbeit mit dem Verlag hier+jetzt, Baden, herausgegeben hat. Das E-Book erscheint auch innerhalb der E-Collection der ETH Zürich. Dieser Dokumentenserver bietet die Möglichkeit, Forschungsarbeiten zu veröffentlichen und so einem weltweiten Publikum kostenlos zugänglich zu machen. Die Artikel stehen für den Download bereit auf www.s5-stadt.ch sowie auf www.e-collection.library.ethz.ch.

Projektsite mit E-Book
www.s5-stadt.ch
Leitung
www.wohnforum.arch.ethz.ch
E-Collection
www.e-collection.library.ethz.ch
Verlag
www.hierundjetzt.ch

E-Book
S5-Stadt. Agglomeration im Zentrum. Forschungsberichte.
Hrsg. ETH Wohnforum – ETH CASE
hier+jetzt, Baden, 2010
doi:10.3929/ethz-a-006164305

Forschende, Institutionen, Lesetipps

Projektleitung, Gesamtkoordination Forschung und Transfer
ETH Zürich, Departement Architektur,
ETH Wohnforum – ETH CASE
www.wohnforum.arch.ethz.ch

Organisation
Gesamtleitung:
Martin Schneider (Dipl. arch. ETH SIA),
 Stoffel Schneider Architekten AG,
 Zürich und Weinfelden
Margrit Hugentobler (Dr. phil. I), ETH
 Wohnforum – ETH CASE
Wissenschaftliche Leitung:
Thomas Sieverts (Prof. em. Dr. Ing. E. h.),
Leitung Transfer:
Elke Wurster (lic. phil. I), ETH Wohn-
 forum – ETH CASE

Transdisziplinäre Integration:
Christian Pohl (Dr. sc. nat.), td-net
 der Akademien der Wissenschaften
 Schweiz
Statistik, Datenerhebung:
Justin Winkler, Geograf (Prof. Dr. phil.),
 Universitäten Basel und Graz
Fundraising:
Thea Rauch-Schwegler (Dr. phil. II),
 ETH Zürich, Professur Deplazes
Felix Müller, FMKomm, Zürich
Prozessplanung und Vernetzung:
Anita Bäumli (lic. phil. I), AAA-Kom-
 munikation, Uster
Ludi Fuchs, Projektentwickler, Uster
Assistenz Transfer:
Anna Barbara Stämpfli (Umwelt-
 ingenieurin BSc), ZHAW Wädenswil

Wissenschaftlicher Beirat
Kay W. Axhausen (Prof. Dr. ing.),
 ETH Zürich
Ingrid Breckner (Prof. Dr. rer. soc.),
 HCU HafenCity Universität Hamburg
Michael Koch (Prof. Dr. sc. tech.),
 HCU HafenCity Universität Hamburg
Martin Schuler (Prof. Dr. ès. sc.),
 EPF Lausanne
Thomas Sieverts (Prof. em. Dr. Ing. E. h.)

Lesetipp
Diener, R, Herzog, J, Meili, M, De Meu-
 ron, P, Schmid, Ch, ETH Studio Basel
 2006, **Die Schweiz – Ein städtebauliches Portrait**, Birkhäuser, Basel.
Ein Atlas der Schweiz mit verschiedenen Entwicklungsszenarien zum urbanen und ruralen Raum – eine anschauliche und anregende Publikation, die das traditionelle Selbstverständnis der Schweiz in Frage stellt.
Frisch, M 1950, **«Cum grano salis, eine kleine Glosse zur schweizerischen Architektur»** in Das Werk, Vol. 40, 1953.
Ein literarischer Klassiker, nach wie vor aktuell und anregend.
Schneider, M, Eisinger, A (Hrsg.) 2003, **Stadtland Schweiz**, Birkhäuser, Basel.
Bunte Palette spannender Beiträge, die zum Nachdenken über die Stadt Schweiz anregen.

Schuler, M, Haug, W, Ullmann, D 2005, **Die Raumgliederungen der Schweiz,** BFS, Neuchâtel.
Darstellung aller Regionalisierungen der Schweiz und Diskussion ihrer historischen Ableitung.

Sieverts, T 1997, **Zwischenstadt. Zwischen Ort und Welt, Raum und Zeit, Stadt und Land,** Vieweg & Sohn, Braunschweig/Wiesbaden.
Eines der ersten Werke, das dazu aufforderte, Agglomeration zum Gegenstand von Forschung zu machen. Ein Klassiker.

Forschungsprojekt
Naturräume – das grosse Plus in der S5-Stadt: Identitätsstiftende Naherholungsräume vor der Haustür

Forschende
Thea Rauch-Schwegler, Biologin und Anthropologin (Dr. phil. II), wissenschaftliche Mitarbeiterin an der Professur Andrea Deplazes der ETH Zürich sowie Dozentin an der Berner Fachhochschule und in der Umwelt- und Erwachsenenbildung.

Daniel Blumer, Geograf und Soziologe, Leiter der «Förderstelle gemeinnütziger Wohnungsbau Kanton Bern», externer Lehrbeauftragter an der Fachhochschule Nordwestschweiz.

Institution
ETH Zürich, Departement Architektur, Architektur und Konstruktion, Professur Andrea Deplazes

Lesetipp
Ineichen, S et al. 2010, **Lebensqualität im Siedlungsraum. Ein Garten mit 1001 Tieren,** in: Hotspot 21/2010, Forum Biodiversität Schweiz, Bern oder www.biodiversity.ch.
Eine gute Zusammenfassung über neuere Forschung zur Artenvielfalt in Schweizer Städten.

Oldörp, H, Blumer, D, Altherr, W, Mäder, U 2008: **Nutzung, Naturerleben & Naturschutz – urbane Grünräume in Basel,** Gesowip, Basel.
Transdisziplinäre Untersuchung zu Bedeutung und Wert urbaner Natur. Erarbeitet und am Fall Basel überprüft werden interdisziplinäre Kriterien zur Bewertung städtischer Grünräume.

Burckhardt, L 2008, **Warum ist Landschaft schön? Die Spaziergangswissenschaft,** Martin Schmitz Verlage, 2. Auflage, Berlin.
Anregende Publikation mit differenzierten Überlegungen zum Verständnis von Natur und Landschaft.

Forschungsprojekt
S5-Stadt – Kontur einer alltäglich gelebten Agglomeration

Forschende
Joachim Schöffel, Stadtplaner und Landschaftsarchitekt (Prof. Dr. Ing.), Professor für Stadtplanung an der HSR Rapperswil am IRAP, Institut für Raumentwicklung.

Christian Reutlinger, Erziehungswissenschaftler und Sozialgeograf (Prof. Dr. phil. habil. Dipl. Geogr.), Leitung Kompetenzzentrum Soziale Räume am Institut für Soziale Arbeit der FHS St. Gallen, Privatdozent an der Fakultät für Erziehungswissenschaften der TU Dresden.

Stefan Obkircher, Geograf (Mag.), wissenschaftlicher Mitarbeiter am Institut für Geographie, Universität Innsbruck, wissenschaftlicher Projektmitarbeiter an der HSR Rapperswil am IRAP, Institut für Raumentwicklung.

Eva Lingg, Architektin (Dipl. Ing.), wissenschaftliche Mitarbeiterin der Abteilung Forschung des IFSA, Kompetenzzentrum Soziale Räume, Hochschule für Angewandte Wissenschaften St. Gallen.

Rahel Nüssli, Geografin (Msc), wissenschaftliche Mitarbeiterin und Doktorandin, ETH Zürich, Dept. Architektur, Dozentur Soziologie.

Institutionen

FHO Fachhochschule Ostschweiz, HSR Hochschule für Technik Rapperswil, IRAP Institut für Raumentwicklung

FHO Fachhochschule Ostschweiz, FHS St. Gallen, Hochschule für angewandte Wissenschaften, Kompetenzzentrum Soziale Räume

Lesetipp

Hahn, A, Steinbusch, M 2006, **Zwischen Möglichkeit und Grenze: zur Bedeutungsgestalt der Zwischenstadt.** 1. Aufl., Verlag Müller und Busmann, Wuppertal.
Ausführlich dargelegte Fallstudien zu den Hintergründen von Wohnortwahl und Lebensbewältigung von Agglomerationsbewohnern.

Ipsen, D 1997, **Raumbilder. Kultur und Ökonomie räumlicher Entwicklung,** Centaurus-Verlagsgesellschaft, Pfaffenweiler.
Anspruchsvolle Darstellung über die menschliche Wahrnehmung des Lebensraums und Ursachen und Wirkungsgefüge, die hinter seiner Entstehung oder «Produktion» liegen.

Menzl, M 2007, **Leben in Suburbia. Raumstrukturen und Alltagspraktiken am Rand von Hamburg,** Campus Verlag, Frankfurt a. M.
Beispielreiche Studie über das Leben in der Agglomeration.

Forschungsprojekt
Raumpolitik im Agglo-Mosaik: Politische und institutionelle Rahmenbedingungen in der S5-Stadt

Forschende

Larissa Plüss, Politologin (lic. phil.), wissenschaftliche Mitarbeiterin bei Prof. Dr. Daniel Kübler am Institut für Politikwissenschaft der Universität Zürich.

Daniel Kübler, Politologe (Prof. Dr.), Professor am Institut für Politikwissenschaft der Universität Zürich.

Institution
Universität Zürich, IPZ Institut für Politikwissenschaft

Zusatzprojekt
Die Stadt Uster: Regionales Zentrum oder doch «bloss» Agglo Zürich?

Forschender
Nico van der Heiden, Politologe (Dr. phil. I), wissenschaftlicher Mitarbeiter am Institut für Politikwissenschaft der Universität Zürich und am Zentrum für Demokratie, Aarau.

Institution
Universität Zürich, IPZ Institut für Politikwissenschaft

Lesetipp
Hoffmann-Martinot, V, Sellers J 2005, **Metropolitanization and political change,** Verlag für Sozialwissenschaften, Opladen.

Die Ausdehnung des urbanen Raums ist ein globaler Prozess – diese umfassende Publikation untersucht die sich daraus ergebenden politischen, sozialen und räumlichen Verschiebungen anhand von Beiträgen aus 15 Ländern.

Kübler, D 2005, **La Métropole et le Citoyen,** Presses polytechniques et universitaires romandes, Lausanne.

Die Herausforderungen, die sich in Agglomerationsräumen stellen, werden erstmals aus einer neuen Perspektive beleuchtet: Die Ansichten und Wahrnehmungen der Bevölkerung in vier Schweizer Agglomerationen stehen in dieser Publikation im Vordergrund.

Kübler, D 2006, **«Agglomerationen»,** in: Klöti, U, Knoepfel, P, Kriesi, HP, Linder, W, Papadopoulos, Y, Sciarini, P (Hrsg.), Handbuch der Schweizer Politik, NZZ Verlag, Zürich.

Ein kompakter Übersichtsartikel zur Entwicklung der Agglomerationsräume in der Schweiz – eine aktuelle Problemdiagnose mit unterschiedlichen Lösungsansätzen.

Forschungsprojekt
Bewegter Alltag – Mobilität in der S5-Stadt

Forschende
Nicola Hilti, Soziologin (Mag. rer. soc. oec.), wissenschaftliche Mitarbeiterin ETH Wohnforum – ETH CASE.

Johanna Rolshoven (Prof. Dr.), empirische Kulturwissenschaftlerin, Professorin und Leiterin Institut für Volkskunde und Kulturanthropologie der KFU Graz.

Stephanie Weiss, Kulturwissenschaftlerin (M.A.), wissenschaftliche Assistentin am Institut Sozialplanung und Stadtentwicklung, Fachhochschule Nordwestschweiz.

Joris Van Wezemael, Geograf (Prof. Dr. habil), Professor für Humangeografie an der Universität Freiburg.

Institution
ETH Zürich, Departement Architektur, ETH Wohnforum – ETH CASE

Lesetipp

Friedli, B, Egger, A 2003, **Ich pendle, also bin ich: Kolumnen aus 20Minuten und Bilder aus dem Nahverkehr,** Verlag Huber, Frauenfeld.

Illustrierte Kolumnensammlung des wohl berühmtesten Schweizer Pendlers und Agglomeriten Bänz Friedli.

Berking, H, Löw, M 2008, **Die Eigenlogik der Städte. Neue Wege für die Stadtforschung,** Campus Verlag, Frankfurt a.M./New York.

Neuer interdisziplinärer Blick auf das brisante Forschungsthema Stadt.

Kokot, W, Hengartner, T, Wildner, K 2000, **Kulturwissenschaftliche Stadtforschung. Eine Bestandsaufnahme,** Dietrich Reimer Verlag, Berlin.

Einführung und kritische Bestandsaufnahme kulturwissenschaftlicher Stadtforschung.

Forschungsprojekt

Selbstbild und Wohnideale der S5-Stadt: Praxis und Repräsentation aktueller Wohnformen in der Agglomeration

Forschende

Sabine Friedrich, Stadtplanerin, Raumplanerin (Dr.sc., Dipl.Ing. FSU), Partnerin im Büro KEEAS Raumkonzepte in Zürich.

Gabriela Muri, Architektin und Kulturwissenschaftlerin (Dipl.arch.ETH und Dr.phil.I), Oberassistentin und Dozentin am Institut für Populäre Kulturen der Universität Zürich, Dozentur Soziologie, Departement Architektur, ETH Zürich.

Mario Santin, Architekt (Dipl.Ing.), Partner in den Büros Arttools, Zürich, und GMS-architects, Zürich.

Institution

Büro KEEAS Raumkonzepte Zürich

Zusatzprojekt

Über Gemeindegrenzen hinaus denken: Drei Wohnbiografien aus der Agglomeration von Zürich

Autor und Filmer

Heinz Nigg, Ethnologe und Kulturschaffender (Dr.phil.I).

Institution

AV-Produktionen Heinz Nigg, Zürich

Lesetipp

Muri, G, Friedrich, S 2009, **Stadt(t)räume – Alltagsräume? Jugendkulturen zwischen geplanter und gelebter Urbanität,** VS Verlag für Sozialwissenschaften, Wiesbaden.

Öffentliche Räume durch die Augen von Jugendlichen neu erleben und reflektieren.

Schmitt, G, Selle, K (Hrsg.) 2008, **Bestand? Perspektiven für das Wohnen in der Stadt,** Edition Stadtentwicklung, Verlag Dorothea Rohn, Dortmund.

Vielzahl von Beiträgen, die das Thema Wohnen aus verschiedensten Blickwinkeln beleuchten.

Stiftung Wohnkultur (Hrsg.) 2007, **Wohn-Spiegel. Reportagen, Reflexionen und Rätsel über das Zuhause,** Luzern.

Einfach zu lesen, bietet Anregungen, die eigene Wohnwelt zu hinterfragen.

Forschungsprojekt
Neue Nachbarschaften in der S5-Stadt: Von der Metamorphose der nachbarschaftlichen Beziehungen im Quartier

Forschende

Christian Reutlinger, Erziehungswissenschaftler und Sozialgeograf (Prof. Dr. phil. habil. Dipl. Geogr.), Leitung Kompetenzzentrum Soziale Räume am Institut für Soziale Arbeit der FHS St. Gallen, Privatdozent an der Fakultät für Erziehungswissenschaften der TU Dresden.

Eva Lingg, Architektin (Dipl. Ing.), wissenschaftliche Mitarbeiterin der Abteilung Forschung des IFSA, Kompetenzzentrum Soziale Räume, Hochschule für Angewandte Wissenschaften St. Gallen.

Antje Sommer, Sozialwissenschaftlerin (Dipl. Soz.-Päd.), Master of Arts in «Comparative European Social Studies», IFSA Institut für Soziale Arbeit der Hochschule für Angewandte Wissenschaften St. Gallen in den Bereichen Forschung, Consulting und Weiterbildung.

Steve Stiehler, Sozialpädagoge (Prof. Dr. phil.) und Dozent am Fachbereich Soziale Arbeit der FHS St. Gallen.

Institution

FHO Fachhochschule Ostschweiz, FHS St. Gallen, Hochschule für Angewandte Wissenschaften, Kompetenzzentrum Soziale Räume

Zusatzprojekt
Rehbühl Uster – ein Quartier für alle

Autorin und Autor

Marianne Dobler-Müller, Unternehmensberaterin, qusano GmbH, Uster.

Hans Thalmann, Pädagoge (Dr. phil. I), Stadtpräsident von Uster 1986–1998.

Projektbegleitung

Marianne Aguilera, Stadträtin Rapperswil-Jona.

Institution

Verein benabita, Uster

Lesetipp

Günther, J 2008, **«Nachbarschaft und nachbarschaftliche Beziehung»,** in K Lenz & F Nestmann, Handbuch persönliche Beziehungen, Juventa, Weinheim.

Grundlage und Einführung in die Dimensionen des Nachbarschaftsbegriffes.

Kessl, F, Otto, HU 2007, **Territorialisierung des Sozialen. Regieren über soziale Nahräume.** Opladen, Budrich.
Kritisch-konstruktive Studien und theoretische Reflexionen zum allgemeinen Trend kleinräumiger Projekte und Initiativen.

Lingg, E, Stiehler, S 2010, **«Nahraum»**, in: Ch Reutlinger, C Fritsche, E Lingg (Hrsg.), Raumwissenschaftliche Basics. Eine Einführung für die Soziale Arbeit. VS-Verlag für Sozialwissenschaften, Wiesbaden.
Aktuelle Publikation vom Kompetenzzentrum Soziale Räume der FHS St. Gallen u. a. zum Thema Nachbarschaft und Nahraumperspektiven.

Forschungsprojekt
Der Wirtschaftsraum S5-Stadt im Wandel

Forschende
David Gallati, Geograf (dipl. geogr.), wissenschaftlicher Mitarbeiter in der Forschungsgruppe Regionalökonomie und -entwicklung an der Eidgenössischen Forschungsanstalt für Wald, Schnee und Landschaft WSL, Birmensdorf.

Marco Pütz, Wirtschaftsgeograf (Dr. oec. publ., Dipl.-Geogr.), Leiter der Forschungsgruppe Regionalökonomie und -entwicklung an der Eidgenössischen Forschungsanstalt für Wald, Schnee und Landschaft WSL, Birmensdorf.

Institution
Eidgenössische Forschungsanstalt für Wald, Schnee und Landschaft WSL, Birmensdorf, Forschungsgruppe Regionalökonomie und -entwicklung

Lesetipp
Bundesamt für Raumentwicklung (ARE) 2009, **Monitoring urbaner Raum Schweiz – Städte und Agglomerationen**, Bern.
Ein aktueller, mit vielen Karten und Grafiken illustrierter Überblick über den Stand der Dinge im urbanen Raum der Schweiz.

Schuler, M, Dessemontet, P, Jemelin, C, Jarne, A, Pasche, N, Haug, W 2007, **Atlas des räumlichen Wandels der Schweiz**, Verlag Neue Zürcher Zeitung, Zürich.
DER Atlas zum räumlichen Wandel der Schweiz. Standardwerk.

Thierstein, A, Kruse, Ch, Glanzmann, L, Gabi, Grillon, N 2006, **Raumentwicklung im Verborgenen – Die Entwicklung der Metropolitanregion Nordschweiz**, Verlag Neue Zürcher Zeitung, Zürich.
Ein fundierter und anschaulicher Einblick in die treibenden Kräfte der Raumentwicklung allgemein und speziell in die wirtschaftlichen Einflussfaktoren des räumlichen Wandels in der Nordschweiz.

Forschungsprojekt
Zur Attraktivität des Bildungsraums der S5-Stadt

Forschende

Manuela Keller-Schneider, Psychologin FSP (Prof. Dr. phil.), Professorin an der Pädagogischen Hochschule Zürich.
Stefan Albisser, Erziehungswissenschafter (Prof. Dr. phil.), Professor an der Pädagogischen Hochschule Zürich.
Heinz Moser, Medienpädagoge (Prof. Dr. phil.), Professor an der Pädagogischen Hochschule Zürich und Honorarprofessor an der Universität Kassel.

Institution

PHZH Pädagogische Hochschule Zürich, Fachbereiche Pädagogische Psychologie und Medienbildung

Lesetipp

Löw, M 2001, **Raumsoziologie.** Suhrkamp, Frankfurt a.M.
Räume – auch nicht-architektonisch verstanden – bestimmen mit ihren darin wirkenden Gesetzmässigkeiten unser Leben mit – ein spannendes, aber nicht ganz einfaches Werk.
Rheinberg, F 2006, **Motivation,** 6. Auflage, Kohlhammer, Stuttgart.
Eine leicht verständliche Einführung in die Motivationspsychologie.
Zihlmann, R 2009, **Berufswahl in Theorie und Praxis,** Sauerländer, Bern.
Aktueller und anregender Sammelband zur Berufswahl. Enthält auch empirische Daten zum Berufswahlprozess.

Forschungsprojekt
Big-box-Cluster als Katalysatoren: Beispiel Hinwil

Forschende

Tommi Mäkynen, Architekt und Städtebauer, wissenschaftlicher Assistent, Institut für Städtebau, Professur für Architektur und Städtebau, NSL, ETH Zürich.
Mirjam Niemeyer, Architektin und Städtebauerin, wissenschaftliche Assistentin, Institut für Städtebau, Professur für Architektur und Städtebau, NSL, ETH Zürich.
Christoph Blaser, Architekt (Dipl. ETH SIA) und Dozent, Blaser+Ramseier Architekten und Planer, Zürich (Projektbegleitung).

Institution

ETH Zürich, Departement Architektur, NSL Netzwerk Stadt und Landschaft, Professur Kees Christiaanse, ISB Institut für Städtebau

Lesetipp

Jessen, J, Meyer, U, Schneider, J 2008, **Stadt-machen. EU-Urbanität und Planungskultur in Europa,** Krämer Verlag, Stuttgart.
Studie über die Stadtentwicklung in acht Städten Europas. Untersucht die Rolle der Stadtplanung und ihre Werkzeuge.
Maxwan 2002, **«Logica»** in: Arch+ 162, Arch+ Verlag, Aachen.

Projekt zur Aufwertung und Umstrukturierung eines Rotterdamer Nachkriegs-Vororts.

Rieniets, T, Sigler, J, Christiaanse, K 2009, **OpenCity: Designing Coexistence,** SuN Publisher, Amsterdam

Katalog zur Ausstellung im NAI Rotterdam. Untersucht, welche Rolle Architektur und Stadtplanung bei der Erhöhung von Lebensqualität in Städten spielen können.

Forschungsprojekt
Eine nachhaltige Zukunft für die S5-Stadt: Was Behörden, Planer und EinwohnerInnen tun können

Forschende
Thea Rauch-Schwegler, Biologin und Anthropologin (Dr. phil. II), wissenschaftliche Mitarbeiterin an der Professur Andrea Deplazes der ETH Zürich sowie Dozentin an der Berner Fachhochschule und in der Umwelt- und Erwachsenenbildung.

Institution
ETH Zürich, Departement Architektur, Architektur und Konstruktion, Professur Andrea Deplazes

Zusatzprojekt
Wie Jugendliche die Agglo sehen – Eine Kooperation zwischen Forschenden und GymnasiastInnen

Forschende
Thea Rauch-Schwegler, Biologin und Anthropologin (Dr. phil. II).

Institution
ETH Zürich, Departement Architektur, Architektur und Konstruktion, Professur Andrea Deplazes

Lesetipp
BFS Bundesamt für Statistik, ARE Bundesamt für Raumentwicklung, DEZA Direktion für Entwicklung und Zusammenarbeit, BAFU Bundesamt für Umwelt 2009, **Nachhaltige Entwicklung. Taschenstatistik,** Neuchâtel.

Guter Überblick zur Entwicklung der wichtigsten Nachhaltigkeitsindikatoren in der Schweiz. Auch im Internet verfügbar: http://www.bfs.admin.ch > 21 Nachhaltige Entwicklung > Publikationen.

Rauch-Schwegler, Th 2005, **Nachhaltig handeln – illustriert am Beispiel Bauen und Wohnen mit Holz.** hep Verlag, Bern.

Beleuchtung des gesamten Holzkreislaufs (Gewinnung des Rohstoffs – Nutzung – Recycling) unter dem Fokus einer nachhaltigen Entwicklung. Überblick für Erwachsene und Jugendliche. Ergänzungen im Handbuch für Gymnasial-Lehrpersonen.

Stern, N 2009, **Der Global Deal. Wie wir dem Klimawandel begegnen und ein neues Zeitalter von Wachstum und Wohlstand schaffen,** C. H. Beck, München.

Allgemein verständliche Informationen zu CO_2-Ausstoss und Klimawandel aus ökonomischer Sicht sowie deren Auswirkungen auf Erde, Bevölkerung und Weltwirtschaft.

Autorinnen und Autoren

Monika Burri, geboren 1970, Historikerin, Autorin und freie Journalistin. Wissenschaftliche Mitarbeiterin am Institut für Geschichte der ETH Zürich. Mitherausgeberin von «ETHistory 1855–2005. Sightseeing durch 150 Jahre ETH Zürich», Baden 2005.

Walter Jäggi, geboren 1950, freier Journalist in den Bereichen Wirtschaft, Wissenschaft und Technik und insbesondere deren Überschneidungen.

Lukas Kistler, geboren 1964, Germanist und Journalist, zurzeit Informationsbeauftragter Bundesamt für Raumentwicklung ARE.

Thea Rauch-Schwegler, geboren 1950, promovierte Biologin und Anthropologin, wissenschaftliche Mitarbeiterin am Departement Architektur der ETH Zürich, Herausgeberin und Mitautorin von «Nachhaltig handeln – illustriert am Beispiel Bauen und Wohnen mit Holz», hep Verlag, Bern 2005 und von «Agglomerationsnatur stiftet Identität», TEC21 5-6/2010.

Martin Schuler, geboren 1946, Geograf, Professor an der EPF Lausanne und Leiter der CEAT (Communauté d'étude pour l'aménagement du territoire). Spezialist in Raumentwicklung und Regionalwissenschaften, Autor zahlreicher Bücher, darunter der «Atlas des räumlichen Wandels der Schweiz», NZZ-Verlag, 2007.

Marc Valance, geboren 1943, Journalist und Publizist, Mitglied des Pressebüros Kontext, Zürich. Autor und Koautor von Sachbüchern und Essays in verschiedenen Verlagen und in der Schriftenreihe der Stiftung Vontobel.

Martin Widmer, geboren 1957, Historiker und Autor. Partner bei hier+jetzt, Verlag für Kultur und Geschichte, Baden.

Ruth Wiederkehr, geboren 1983, ist Germanistin und arbeitet als Lehrerin und freie Journalistin.

Sabine Witt, geboren 1971, freie Journalistin, promoviert derzeit in Kulturgeschichte.

Tanja Wirz, geboren 1970, ist Wissenschaftsjournalistin und Historikerin. Buchpublikationen zur Oral History des Zweiten Weltkrieges, zur Geschlechtergeschichte des Alpinismus in der Schweiz und zur Geschichte des Schweizerischen Naturschutzbundes Pro Natura.

Unterstützung des Projekts

Namhafte Unterstützung
GEBERT RÜF STIFTUNG
www.grstiftung.ch
«Die Schweiz ist eine Grossagglomeration. Das Projekt S5-Stadt arbeitet mit einem kreativ-interdisziplinären Ansatz die Lebensformen in der Agglomeration auf. Das ist modellhaft.»

— GEBERT RÜF STIFTUNG —
WISSENSCHAFT.BEWEGEN

AVINA STIFTUNG
www.avinastiftung.ch
«Das Projekt zeigt die Perspektive der in der S5-Region Lebenden und Arbeitenden exemplarisch auf und verweist auf die Qualitäten und Herausforderungen für eine nachhaltige Entwicklung.»

AVINA STIFTUNG

Lotteriefonds des Kantons Zürich
www.lotteriefonds.zh.ch

LOTTERIEFONDS KANTON ZÜRICH

Weitere Unterstützung
Paul Schiller Stiftung
www.paul-schiller-stiftung.ch
«75 Prozent der Menschen in der Schweiz leben in Städten und Agglomerationen. Die Paul Schiller Stiftung interessiert sich für identitätsstiftende Formen des Zusammenlebens aller Generationen.»

Heinrich & Erna Walder-Stiftung
www.walder-stiftung.ch
«Gutes Wohnen hat nicht nur mit Wohnungsgestaltung, sondern auch mit Bedürfnissen, die BewohnerInnen von Quartieren haben, zu tun. Das Projekt ‹Rehbühl Uster› ging genau dieser Frage nach.»

Stiftung Wirtschaft und Ökologie SWO
www.stiftungswo.ch
«Unser Engagement gilt einer umfassenden nachhaltigen Entwicklung. Sie ist Garant für die Lebensqualität jedes S5-Stadt-Bewohners. Wegweisend dafür ist die Ökologie – als Grundlage ressourcenreicher, zukunftsfähiger Standorte.»

Lotteriefonds Kanton St. Gallen
www.kultur.sg.ch
«Der Umgang mit der Agglomerationsthematik, und für uns zurzeit primär die Abstimmung von Siedlung und Verkehr, ist bedeutsam für die Zukunft des Kantons St. Gallen und die Schweiz – deshalb haben wir uns beteiligt.»

Bundesamt für Wohnungswesen BWO
www.bwo.admin.ch
«Dank dem interdisziplinären Projekt wissen wir, dass das Wohnen in der S5-Stadt mehr bedeutet als 10 Minuten nach Zürich und doch im Grünen.»

Bundesamt für Landestopografie, swisstopo
www.swisstopo.ch
«Ein Luftbild am Boden – das Bundesamt für Landestopografie swisstopo zeigt einen Blick von oben auf die Region des S5-Stadt-Projekts.»

Gemeinde Freienbach
www.freienbach.ch
«Das Projekt bietet neue interdisziplinäre Ansätze, welche den Aussenraum mit junger Perspektive – sprich für die jüngere Bevölkerungsgruppe – gestaltet.»

Uster fördert Kultur
www.uster.ch/de/freizeitkultur
«Das S5-Stadt-Projekt schält die Kernkompetenz Usters heraus. Diese macht ihr aber auch zu schaffen. Das ist der Nährboden für die kulturelle Entwicklung der Stadt.»

Grün Stadt Zürich
www.stadt-zuerich.ch/gsz
«Die Allmend Stettbach ist ein wichtiges Vernetzungsgebiet zwischen Zürich und Dübendorf. Auf dem Hochsitz sind die bauliche Verdichtung und seine Folgen eindrücklich erlebbar.»

Stadt Dübendorf
www.duebendorf.ch

Stadt Wetzikon
www.wetzikon.ch
«Ob Region, Agglomeration oder gar Metropolitanraum, die räumliche Zugehörigkeit ist vielfältig. Die erfrischende Betrachtung entlang der S-Bahn ist neu, anders, spannend.»

Stadt Rapperswil-Jona
www.rapperswil-jona.ch
«Die grundlegenden Entwicklungsfragen sind in unsern Städten und Gemeinden sehr ähnlich. Es ist sinnvoll, diese Themen gemeinsam zu erforschen. Sie S5-Stadt ist dafür eine gute Plattform.»

Eidgenössische Forschungsanstalt für Wald, Schnee und Landschaft WSL, Birmensdorf
www.wsl.ch
«Die WSL untersützt das S5-Stadt-Projekt, weil dieses Landschaft interdisziplinär erforscht und dabei auch die Praxis einbezieht.»

ZHAW, IUNR, Institut für Umwelt und Natürliche Ressourcen, Wädenswil
www.iunr.zhaw.ch
«Das Besondere am S5-Stadt-Projekt ist der zu Beginn der Forschung geplante und danach vorbildlich umgesetzte Transfer. Forschen allein genügt nicht.»

Unterstützung des Projekts

Sponsoren

Büchi AG, Uster

www.buchiglas.ch

«Als exportorientierte KMU schätzen wir an der S5-Stadt die Topinfrastruktur mit der Nähe zum Flughafen, die Attraktivität als Wohn-, Arbeits- und Freizeitort für heutige und künftige Mitarbeiter sowie die intakte Landschaft.»

CSL Immobilien AG, Zürich

www.csl-immobilien.ch

«Wir entwickeln und vermarkten Wohnraum für die BewohnerInnen der S5-Stadt. Die Wohn- und Lebensbedürfnisse der Region liegen uns daher besonders am Herzen.»

Einkaufscenter VOLKI-LAND, Volketswil

www.volkiland.ch

«Das Einkaufszentrum VOLKI-LAND ist ein multikultureller Ort der Begegnung und des Einkaufens, wo wöchentlich über 60 000 Einwohner aus allen sozialen Schichten der S5-Stadt verweilen.»

Lenzlinger Söhne AG, Nänikon

www.lenzlinger.ch

«Unsere Lage mitten in der S5-Stadt und die Tätigkeit im Ausbaugewerbe veranlassten uns, das Projekt zu unterstützen. Die Breite des Forschungsfokus beziehungsweise der Kommunikation beeindrucken zudem speziell.»

Makro Art AG, Grosswangen

www.makroart.ch

«Die Zersiedelung mittels einer gigantischen begehbaren Bodengrafik darzustellen, ist eine spannende Idee. Für uns war die Produktion eine tolle Herausforderung.»

Verkehrsbetriebe Zürichsee und Oberland VZO

www.vzo.ch

«Täglich bringen die VZO-Busse 60 000 Menschen zur S-Bahn und wieder zurück. Das ist unser Beitrag für einen attraktiven Lebensraum in der S5-Stadt.»

Druckkostenbeiträge

ETH Zürich

www.ethz.ch

Gemeinde Greifensee

www.greifensee.ch

«Mit der Einweihung der ‹Glatthalbahn› im Juli 1856 war der Grundstein zur Entwicklungsregion Glatttal gelegt. Dem riesigen Druck auf diese Region stehen nun kreative Ansätze gegenüber.»

Allco AG, Lachen und Zürich

www.allco.ch

«Als regional verwurzeltes Unternehmen interessiert uns, was vor unserer Haustüre passiert. Lokale Forschungsergebnisse geben uns wertvolle Impulse.»

Bank Linth LLB AG
www.banklinth.ch
«Die Region Zürichsee/Oberland liegt der Bank Linth am Herzen. Die S5 ist die Hauptschlagader bei der Erschliessung dieses attraktiven Wohn- und Wirtschaftsraums.»

Clientis Bezirkssparkasse, Uster
www.bsu.clientis.ch
«Die Bank an Ihrer Seite – seit 175 Jahren kundennah, kompetent und regional verankert, und in Zukunft auch in der S5-Stadt. Ihre B–S5–U»

Denz AG, Nänikon, Büromöbel
www.denz.ch
«Ob S5-Stadt oder Ausbau von Arbeitslandschaften: Urbanes Werken und Wohnen braucht intelligente Planung und replizierbare Lösungen.»

Hesta AG, Zug
«Die S5-Stadt hat von allem etwas. Auch fährt ein Hype mit. Sorgfalt, Behutsamkeit, Intelligenz und Qualität lauten die Devisen für die künftige Entwicklung.»

Reichle & De-Massari AG, Wetzikon
www.rdm.com
«Das S5-Stadt-Projekt ist für uns wichtig, da die Agglomeration viele Ressourcen für unser Unternehmen liefert und von unserem klaren Bekenntnis zur Region nachhaltig profitieren kann.»

Walde & Partner Immobilien AG
www.walde.ch
«Aus unserer 15-jährigen Verkaufserfahrung in Uster kennen wir die Wichtigkeit der S5 für diese Region, deshalb ist es für uns selbstverständlich, das S5-Stadt-Projekt zu unterstützen.»

Transferpartner
Co-Veranstalter
Agglo-Theater, Uster
www.agglo-theater.ch

Bildungsdirektion Kanton Zürich, Volksschulamt, schule & kultur
www.schuleundkultur.zh.ch

Eidgenössische Forschungsanstalt für Wald, Schnee und Landschaft WSL, Birmensdorf
www.wsl.ch

Grün Stadt Zürich
www.stadt-zuerich.ch/gsz

Kulturdetektive, Wetzikon
www.kulturdetektive.ch

QTOPIA kino+bar, Uster
www.qtopia.ch

Zürichsee Tourismus
www.zuerichsee.ch

Unterstützung des Projekts

realSite
www.real-site.ch

Schweizerisches Sozialarchiv
www.sozialarchiv.ch

Uster. Wohnstadt am Wasser
www.uster.ch

Uster Tourismus
www.uster-tourismus.ch

Verkehrsverein Rapperswil-Jona
www.rapperswil-jona.ch
www.vvrj-events.ch

Wetzikontakt
www.wetzikontakt.ch

ZHAW, IUNR, Institut für Umwelt und Natürliche Ressourcen, Wädenswil
www.iunr.zhaw.ch

ZOFA, Zürcher Oberländer Film- und Videoamateure
www.zofa.ch

Kommunikation

Grafikwettbewerb in Zusammenarbeit mit BfGZ, Berufsschule für Gestaltung Zürich, Monika Gold.
Umsetzung der Siegerarbeit von Ursina Meyer, 3. Lehrjahr Grafik, Digicom Digitale Medien AG, Effretikon.
www.medienformfarbe.ch
www.digicom-medien.ch

Bildnachweis

Titelbild
Seedamm zwischen Pfäffikon SZ und Rapperswil. Foto: **Dominik Fricker** (www.dominikfricker.ch)

Karten, Seite 20–23
swissimage © 2010 swisstopo (BA110008)
Illustrationen: **Martin Schneider** und **edit – bilder für architektur, Yves Niederreuther**

Karte, Seite 122
swissimage © 2010 swisstopo (BA110008)
Illustration: **Anna Barbara Stämpfli**

Oasen in der Agglomeration, Seite 30–35
Dominik Fricker: 1 (Greifensee bei Uster), 2, 8, 15 (alle: Naturschutzgebiet am Pfäffikersee, Wetzikon), 3 (Teich bei Wohnsiedlungen, Volketswil),

Zum S5-Stadt-Projekt

6 (Spielplatz, Volketswil), 7, 11 (privater Garten, Kempraten), 20 (Naturschutzgebiet am Greifensee, bei Uster), 21 (Ruhebank, Volketswil), 23 (Naturschutzgebiet am Zürichsee bei Rapperswil), 29 (Aussicht von einer Anhöhe bei Maur)
Elke Wurster: 12 (Rampe Club Bubikon), 13 (Allmend Stettbach), 18 (in Dübendorf), 19 (Siedlung in ehem. Mädchen- und Arbeiterinnenheim der Spinnerei Hesta, Uster), 25 (Zeughaus Uster, mit Bar, Galerie, Museum u. a.), 26 (Allmend Stettbach), 28 (privater Garten, Dübendorf)
Thea Rauch-Schwegler: 9 (Kunst(Zeug)Haus, Rapperswil), 10 (Siedlung «im Lot», Uster), 16 (Holzsteg Seedamm), 22, 24 (Wohnhäuser an der Glatt, Dübendorf)
Franziska Hufschmid: 4 (Rüti)
Saskia Böhm, BfGZ Berufsschule für Gestaltung Zürich: 5 (Seepromenade Rapperswil)
Stefan Jucker: 14
Michèle Rickenbacher, BfGZ Berufsschule für Gestaltung Zürich: 17 (Pavillon Zellweger-Areal, Uster)
Anna Barbara Stämpfli: 27 (Wohnsiedlung «Am Bahnhof», Uster)

Mobilität, Seite 70–73
Dominik Fricker: 30–33, 35 (bei Wetzikon), 36 (Busbahnhof Uster), 38 (Seedamm vor Rapperswil), 39–42, 43 (Hauptbahnhof Zürich), 44–46, 48, 49 (S-Bahn am Fusse des Bachtels), 51, 52 (Barriere, Uster)
Nicola Hilti: 34, 37
Elke Wurster: 47, 50

Grenzen und Ränder, Seite 98–101
Dominik Fricker: 54 (Allmend Stettbach und Dübendorf), 56 (Volketswil), 58 (bei Uster), 61 (Zufahrtsstrasse zum Pfäffikersee), 62 (Sportplatz, Volketswil), 64 (bei Volketswil), 66 (bei Volketswil), 67 (bei Maur), 68 (bei Bubikon)
Corinne Zeltner, BfGZ Berufsschule für Gestaltung Zürich: 53 (Uster)
Sandra Lehmann, BfGZ Berufsschule für Gestaltung Zürich: 55, 60, 69 (alle: Kreiselbau bei Wetzikon)
Raphael Bertschinger, BfGZ Berufsschule für Gestaltung Zürich: 57 (Fabrik Schönau, Wetzikon), 59 (Wetzikon), 63 (Siedlung «Balance», Uster)
Saskia Böhm, BfGZ Berufsschule für Gestaltung Zürich: 65 (Bubikon)

Bodenkarte, Seite 116–119
Dominik Fricker: 70–72, 74, 76–80, 82, 84–86 (alle: vor Stadthaus Uster)
Renato Bagattini: 73, 75, 83 (alle: im Volki-Land, Volketswil)
Elke Wurster: 81 (im Volki-Land, Volketswil)